i.A.: Shanto Brockmann
und Dipam Stateczny
Die Schule der 108 Schritte

i. A.: Shanto Brockmann
und Dipam Stateczny

Die Schule
der
108 Schritte

DREI EICHEN VERLAG

D-8300 Ergolding

ISBN 3-7699-0527-X
Verlagsnummer: 527
Alle Rechte vorbehalten
© der deutschen Ausgabe by Drei Eichen Verlag, D-8300 Ergolding
Nachdruck, auch auszugsweise, sowie die fotomechanische Wiedergabe
dieser und der nach ihr hergestellten Fassungen bedürfen der schrift-
lichen Genehmigung des Drei Eichen Verlages.
Die Rechte an einer Bearbeitung als Hörspiel, die Verfilmung, der Über-
tragung auf Daten- und Tonträger sowie die der Übersetzung in andere
Sprachen liegen bei den Verfassern
1. Auflage, 1.–3. Tausend, 1991
Umschlagentwurf: S. Brockmann + D. Stateczny
-ausführung: Studio Becker, Frankfurt
Satz: Fotosatz-Service Weihrauch, Würzburg
Druck und Bindung: Ebner Ulm

Inhaltsangabe

Ursprung

Das Programm der 108 Schritte ist ein Meditationsprogramm, das in Urth entwickelt wurde. Urth ist ein Landstrich und eine Gemeinschaft gleichen Namens, die noch vor der Zeit von Atlantis in der östlichen Hemisphäre unseres Planeten bestand.

Das oberste Ziel dieser Gemeinschaft war, Gott in sich so zu verwirklichen, daß das Göttliche offenbar wurde. Ansonsten lebte die Gemeinschaft in Urth ohne Dogmen, mit dem Anspruch, daß jeder selbstverantwortlich, nach seiner Reife, handelt. Auf dieser Grundlage entstand ein ganzheitliches Erziehungs- und Gemeinschaftssystem, das auf die Verwirklichung dieses Zieles ausgerichtet war.

Ein wichtiger Bestandteil des Tagesablaufes war die Meditationsübung. Wissen ist Macht. Dieses Bewußtsein formte die Struktur der Gemeinschaft von Urth, die dafür sorgte, daß jeder nur soviel Wissen erwerben konnte, als es seine persönliche Reife und seine Einsicht zuließen, so daß Mißbrauch von Macht vermieden wurde.

Macht, Gewalt und Angst sollten getrennt bleiben, sowohl im privaten Bereich als auch in der Gemeinschaft. Macht sollte niemals Angst auslösen, denn dies wurde bereits als Gewalt erkannt.

Man ging davon aus, daß nur ein selbstverantwortlicher, völlig autarker, freier, harmonischer Mensch in der Lage ist, Gott zu erkennen und zu offenbaren. Denn nur der, der Gott erkennt und offenbart, also die Liebe zum obersten Prinzip erhoben hat, ist in der Lage, sein Leben vertrauensvoll, frei von Zwängen und Machtstrukturen zu gestalten.

Nicht jede Seele inkarniert in einem Evolutionszustand, der die Voraussetzung für ein solches Leben beinhaltet. Deshalb wurde jedem, je nach seiner persönlichen Entwicklung, möglichst viel Raum gegeben, das Ziel der Vervollkommnung zu verfolgen.

Außer dem Dogma, daß jeder die besten Möglichkeiten bekommen muß, seine eigene Entwicklung zu verfolgen, war man in Urth nahezu frei von Regeln. Dogmen an sich galten als Hindernis im Lebensfluß. Deshalb gab es auch keine Religionen, lediglich Systeme und Methoden, die eigene Religiosität zu verwirklichen, so wie es der *Wille* und die Reife des einzelnen zuließen.

Während des Reifeweges wurden die Menschen von Urth durch das Programm der 108 Schritte und eine geeignete Lebensform unterstützt. Alle Handlungen und Einrichtungen der Gemeinschaft dienten diesem Prinzip.

Das Programm der 108 Schritte haben Dipam und Shanto anhand des Lebens von Mirja, einer Frau, die in Urth lebte, kennengelernt. Sie durften sich an das Leben einer Seele erinnern, die dort als Mirja inkarniert war und die in Urth lebte (Shanto Brockmann/Dipam Stateczny: Das habe ich zu träumen gewagt). Mirja war Schülerin in einer Meditationsschule und wurde dort zum Medium, einem damals üblichen Beruf, ausgebildet.

Die 108 Schritte sind ein Programm, das Körper, Geist und Seele vereint und das Bewußtsein in der Mitte des Agierenden erhält. Meditation bedeutet nicht, daß man sich hinsetzt und täglich ein bis zwei Stunden „vor sich hinmeditiert", sondern Meditation wird als Zustand begriffen, der den ganzen Tag anhält. Das hat zur Folge, daß die Menschen autark werden, das bedeutet, sie sind nicht ihren Gefühlen ausgeliefert, sondern können, ohne diese zu verdrängen, ihre Gefühle voll erleben und trotzdem unbeeinflußt verantwortlich entscheiden.

In Urth war man der Auffassung, daß es ebenso viele Meditationsformen und Wege zur Verwirklichung Gottes wie Menschen gibt. Deshalb handelt es sich hier auch keineswegs um eine dogmatische Schule, starre Anweisungen oder gar eine Heilslehre, sondern jeder muß seinen eigenen Weg finden. Die Schule kann ihn dabei nur unterstützen. Auch die Hilfsmittel zur Schulung des Bewußtseins, der Konzentration und Kontemplation sind für jeden zu beschaffen, wobei auch hier jeder frei ist, für sich selbst die richtigen Materialien zu finden und zu erfühlen.

Meditation ist grundsätzlich eine sehr persönliche Sache und deshalb kann sie nicht an starre Vorschriften gebunden sein. Selbst wenn, wie hier, 108 aufeinanderfolgende Schritte beschrieben werden, so muß doch jeder für sich selbst die Methode herausfinden, die ihn zum Ziel bringen kann. Wir geben keine Rezepturen, sondern nur Vorschläge und Werkzeuge, um dieses Ziel zu erreichen. Die vorgeschlagenen Methoden sind also keine Vorschriften, sondern seit Jahrhunderten erprobte Übungen, mit welchen viele zum Erfolg kamen.

Was ist Meditation?

Das Wort Meditation ist zu einem Modewort geworden, das in vielen Bereichen unterschiedlich gehandhabt wird. Deshalb ist es notwendig, Meditation im Sinne der 108 Schritte zu definieren.

Ursprünglich kommt das Wort Meditation aus dem Lateinischen, „meditatio", was übersetzt heißt: „Nachdenken, sinnende Betrachtung". In Urth bedeutete Meditation einen Zustand, der den Menschen in sich ruhen läßt, also sein Leben in seiner Mitte verbringen läßt. Wir sind alle während des Tages verschiedenen Einflüssen ausgesetzt, unsere Gedanken beschäftigen sich mit dem, was wir tun, planen und erlebt haben. Während dieser Zeiten geht unsere Energie nach außen und wir sind uns unserer Einheit in Gott nicht bewußt. So entsteht in uns die Vorstellung, daß wir allein und getrennt sind und die Handlungen nur aus unserer eigenen Kraft vollziehen. Ruhen wir in unserer Mitte, wissen wir, daß wir in Gott leben, und unsere Handlungen werden von diesem Bewußtsein gesteuert.

In unserer europäischen Welt ist dieser Zustand, in der Mitte zu ruhen, vergessen worden. Nur in Klöstern wurde das Meditieren weiter praktiziert. Es ist also kein Wunder, daß wir uns immer einsamer und ständig Einflüssen von außen ausgesetzt fühlen, schließlich in Streß geraten und mehr reagieren als agieren.

Um diesem Zustand zu entkommen, suchen wir nach immer mehr Ablenkung im Mißbrauch unserer Beziehungen und unserer Freizeit oder in Alkohol und Drogen. Ganz typisch ist die Ausage: „Ich knalle mir die Birne zu!"

Unser Verstand ist zum wichtigsten Instrument geworden. Er trifft die Entscheidungen, was wir tun, ob wir Gefühle zulassen und wie wir die Welt um uns herum erkennen.

Gleichzeitig wird uns bei dieser Art zu leben immer deutlicher, daß wir etwas vermissen. So wird es verständlich, daß neue Wege gesucht werden, um diese Leere auszufüllen.

Dabei müssen wir uns nur älterer Werte besinnen. Wir müssen wieder lernen, Körper, Geist und Seele die gleiche Bedeutung beizumessen, ihr Zusammenwirken aufmerksam zu beobachten, um uns eins zu fühlen. So wird aus der Einsamkeit und Leere ein harmonisches „All-eins", also allein sein, in dem wir zufrieden leben. Wir werden autark, wir sind in Meditation.

Unter dieser Voraussetzung wird nun der Verstand zum Werkzeug, das den Ausdruck der Seele, die Gefühle, die Sinne, den Ausdruck unserer Energie, des Willens und des Wissens um unsere persönlichen Fähigkeiten und die Notwendigkeiten, resultierend aus der Umwelt, zusammenbringt zu einer klaren, entschiedenen Handlung.

In Urth ging man von der Erkenntnis aus, daß Gott als ursprüngliche Energie, die wir Liebe nennen, aus sich heraus alles, was existiert, hervorbrachte, so daß alles, was ist, auch Gott ist und als solches erkannt werden kann, auch die sogenannten „negativen" Dinge. Sie dienen uns dazu, die sogenannten „positiven" Dinge zu erkennen.

Es liegt in der Macht des Menschen, für sich das richtige zu erkennen und mit seinem Willen zu formen. Dabei werden unsere Entscheidungen sich immer wieder einmal als Irrtümer herausstellen und uns lehren, wie wir unsere Handlungen verändern müssen, um unseren Entwicklungsprozeß fortzusetzen.

Es gibt also weder Gut noch Böse, sondern nur Prozesse, die uns lehren. Schuldgefühle sollten also nicht aus sogenannten Fehlern entstehen, sondern nur dann, wenn wir zuwider besseres Wissen handeln. Wir müssen uns auch daran gewöhnen, sowohl uns selbst als auch der Umwelt gegenüber auf das Ver- und Beurteilen von Handlungen zu verzichten und statt dessen zu erkennen, an welchem Punkt wir und die anderen in ihrem Prozeß stehen und wie wir uns und andere fördern.

Dabei ist uns neben aufmerksamen Beobachten eine Palette von Gefühlen gegeben, die uns immer wieder klar werden lassen, wie die Prozesse verlaufen. Auch hier müssen wir wegen möglicher Irrtümer das Wort Gefühle genau definieren. Wenn wir von Gefühl sprechen, meinen wir die Energien, die zuerst in unserem „Bauch" wirken und dann im Kopf einen

Gedanken auslösen. Von Empfindung sprechen wir, wenn zuerst Eindrücke und Vorstellungen in unserem Kopf entstehen und dann die Energien in unserem „Bauch" ausgelöst werden. Gefühlen können wir immer vertrauen, denn sie kommen von der Seele über das Unterbewußtsein zu uns. Die Seele ist um vieles wissender als uns bewußt ist und deshalb klar. Wenn wir unsere Handlungen und Entscheidungen genau betrachten, werden wir feststellen, daß wir oft nicht genau wissen, welche Gefühle und Einflüsse unserem Tun zugrundeliegen. Häufig kommt es vor, daß wir so unbewußt sind, daß wir gar nicht merken, welche Gefühle mitgespielt haben oder welche Erfahrungen, die schon lange zurückliegen, unser heutiges Tun lenken. So sind wir dem Zusammenspiel von Gefühlen und Erfahrungen ausgesetzt und unser Wille kann sich nicht ausreichend entwickeln. Wir erkennen oft gar nicht, was wir wirklich wollen, weil uns wichtige Informationen über uns selbst fehlen.

Um also autark und verantwortungsvoll unseren Willen zu bilden, müssen wir lernen, unsere Gefühle, Empfindungen, Erfahrungen und Situationen genau zu definieren. Ein Weg zu dieser Erkenntnis ist das Programm der 108 Schritte. Es lehrt uns, die Energien, die zu uns kommen und von uns ausgehen, zu erkennen, zu steuern und im Einklang zu bewahren. Dabei lernen wir, die Chakren, besonders sensible Stellen in unserem Körper, wahrzunehmen und zu beherrschen. Über diese Chakren werden von uns Energien genutzt, gewandelt, aufgenommen und abgegeben (zum Thema Chakren wird es noch ein weiteres Kapitel geben).

In diesem Buch werden häufig die Wörter Energie und Schwingung vorkommen, deshalb sollen sie hier doch einmal deutlich gemacht werden. Unser Universum ist voller Energien. Ihr Ausdruck sind die Schwingungen; von Energie ist immer dann die Rede, wenn von Leben die Rede ist. Die

Urenergie ist die Schwingung, die überall zur Verfügung steht, aber noch keine Bestimmung hat. Nimmt die Schwingung eine bestimmte Form an, so wird aus der freien Urenergie eine bestimmte Schwingung, deren Ausdruck einen Namen hat und festgelegt ist. Diese Schwingungsform verändert sich nur noch durch Transformation. Alles was ist, ist Energie und somit auch Schwingung.

Da unsere Sprache, wenn sie definiert, gleichzeitig auch wertend ist, sprechen wir notbehelfs von niedrigen oder schweren Schwingungen und hohen oder leichten Schwingungen. Die sogenannten schweren Schwingungen haben ihren Ausdruck in Materie, die hohen dementsprechend im Geistigen. Diese Formulierung soll aber nicht dazu verführen, daß wir annehmen, Schwingungen hätten überhaupt einen bestimmten Wert. Alle Lebensprozesse sind energetische Prozesse, wobei durch Hitze oder Reibung sich die Schwingung verändert.

Die „höchste" Schwingung ist Gott in seinem Urzustand. Wenn wir uns bewußt bleiben, daß alles, was ist, Gott ist, so ist es verständlich, daß Gott seine Schwingung immer wieder so verdichtet, daß schwere, niedrige Schwingungen entstehen und somit ein unendlicher Lebensprozeß möglich wird.

Eines der wenigen göttlichen Gesetze, nämlich das Streben zur leichten, höheren Schwingung, dem göttlichen Zustand, garantiert uns die Unendlichkeit.

Dieses Streben wird durch die 108 Schritte unterstützt. Das Programm der 108 Schritte beinhaltet viele verschiedene Möglichkeiten und Meditationshilfen, aus welchen jeder die für ihn geeignete Meditationsform entwickeln kann.

Wesen der Chakren

Was bedeutet Chakra? Chakra kommt aus dem Sanskrit bzw. aus der Ursprache und heißt „Rad". Das Rad symbolisiert ein Energiezentrum. Chakren befinden sich nicht in statischer Ruhe, sondern sind Aufnahmeorgane für kosmische Energie und als Transformationszentren in ständiger Bewegung. Sie sind bei einem noch nicht erwachten Menschen relativ klein und dunkel, ohne besonderes Leben, während sie sich bei einem Menschen, der geistig an sich arbeitet, zu farbigen, strahlenden Energiezentren entwickeln. Unaufhörlich fließt in diesen Zentren kosmische Energie über die Aura in den physischen Leib hinein und dient dazu, für den einzelnen den Weg sowohl zu seiner physischen und psychischen Vollkommenheit als auch zu sich selbst zu finden.

In jedem Körper spiegelt sich alles wider, was auf der Erde, im Kosmos und in unserem Universum vorkommt („wie innen, so außen"). Die Aufgabe der Chakren ist sowohl die Aufnahme wie auch die Abgabe und Veränderung von Energie; so entsteht der Charakter, die Ausstrahlung eines Menschen. Bei sehr gut ausgebildeten Chakren entsteht ein Kontakt zu anderen Wesen oder Welten.

Sind alle Chakren in Einklang, so ist die bestmögliche Energie entstanden, und Harmonie wird ausgestrahlt. Wenn Chakren oder Energiezentren blockiert sind, kann die Energie nicht mehr frei fließen, die materielle Kraft überwiegt, wenn ein Chakra besonders stark arbeitet und die anderen Chakren mit ihm nicht in Einklang sind, z.B. das Hara: Wenn wir wütend sind, verdichtet sich die Energie und findet ihren Ausdruck im Materiellen oder im Physischen: Zerstörungen, Krankheiten, Verletzungen, Unfälle.

Jedes Chakra ist zuständig für ganz bestimmte Organe des

Körpers, für deren Gesundheit und ausgewogenes Verhalten.

Für den seelischen Bereich stellt dieses Verdichten der Lebensenergie eine Blockade dar, die die Verbindung zu anderen Wesen und zu Gott unterbricht.

Wir sprechen von 12 Chakren, davon sind uns Menschen 7 Hauptchakren und 5 Nebenchakren für die irdische Inkarnation gegeben.

Wenn Chakren einseitig entwickelt werden, ist der Energiefluß einerseits zu stark und andererseits behindert. Die aufgenommenen Energien sind nicht harmonisch aufeinander abgestimmt. So kann es zu sog. negativen Kräften kommen, deren Wirkung wir Menschen ausgeliefert sind. So geschieht es, daß Gefühle uns überrollen und unser Handeln bestimmen, obwohl unser Wille eine andere Handlung vorgesehen hat.

Je nach Lage vermittelt uns ein Chakra entsprechende Gefühle, Fähigkeiten und Erkenntnisse. Chakren können, wenn sie geöffnet sind, miteinander verbunden werden und die Menschen befähigen, autark, selbstverantwortlich und klar ihr Leben zu bestimmen. Zu jedem Chakra gehört eine bestimmte Schwingungsart, die wir in vielen anderen Bereichen wiederfinden. So können uns entsprechende Laute, Töne, Farben, Bilder, Pflanzen und Elemente helfen, das einzelne Chakra genau wahrzunehmen und zu erkennen; auf diese Weise lernen wir, unsere Chakren bewußt zu öffnen.

Alle Chakren haben eine Grundfarbe, die jedoch in allen Farbtönen schillern und sprühen kann. Grundsätzlich ist in jedem Chakra jede Farbe vertreten. Hat ein Chakra während eines Prozesses einen besonderen Bezug zu einem anderen, so ist das an den Farbspiralen wahrnehmbar.

Jedes Chakra hat die Form einer Scheibe, die mit der nächsten in Kontakt kommt. Ist ein Chakra besonders in Anspruch genommen, so kann es sich erweitern, bis es die gesamte Aura mit seiner Energie überstrahlt.

Die vorherrschenden Farben sind typisch, und natürlich ist die Spirale, die sich bewegt, immer ein komplettes Farbspektrum. Es ist immer fließende Energie. Jede Farbe hat ihre eigene Wirkung auf uns. Orange vermittelt Vitalität, helles Rot reizt und erregt, dunkles Rot belebt, Gelb und Gold vermitteln Freude und heitere Stimmung, das Grün des Herzens beruhigt und schafft Vertrauen, Blau kühlt und distanziert, Aquamarinblau gibt uns einen Eindruck von Leichtigkeit und Violett gibt Geborgenheit und Vertrauen, schafft die Verbindung mit dem „All-eins". Unsere Werbestrategen haben diesen Umstand längst erkannt und benutzen dieses Wissen, um auf unser Unterbewußtsein einzuwirken. Wer sich seiner Chakren bewußt ist, erkennt diese Einflüsse.

Die Chakren sollen miteinander verbunden sein. Die vorgeschlagenen Übungen entwickeln einen Zusammenfluß der Chakren. Das Fundament ist auf jeden Fall das Bewußtsein des einzelnen Chakras im Zusammenspiel mit allen. Am Anfang arbeiten wir in erster Linie mit den unteren Chakren sowie den Händen und Füßen. Auch später muß der untere Raum, selbst wenn man sich geistigen Chakren zuwendet, gepflegt und der erreichte Status erhalten werden. Er ist das Fundament, auf dem das Haus gebaut wird. Die grundsätzliche Information muß die universelle Einsicht sein, die Einheit von Körper, Geist und Seele in Erde und Kosmos, in Gott. Das Wichtigste ist das Erkennen, daß es keine Trennung gibt. Die besondere Sensibilität für die geistigen Kräfte ist nicht für jeden von vornherein verfügbar. Da wir uns bemühen, möglichst schnell zu wachsen, kann sich vieles schneller entwickeln, wenn der Organismus sich den Energieschwingungen der göttlichen Energie öffnet und somit sich selbst kreativ produziert.

Die endokrinen Drüsen der Menschen sind nicht, wie vielfach angenommen, die letztendlichen Steuerorgane, sondern sie werden gelenkt von der geistigen Einstellung und Denkweise.

Die Entfaltung und Entwicklung der einzelnen Chakren hängt mit der persönlichen geistigen Entwicklung und dem Reifezustand des einzelnen Menschen zusammen. Der Reifeprozeß an sich kann durch bewußte Handlungen gesteuert werden. Es ist ein Irrtum anzunehmen, daß Reife ein von außen herangetragener Prozeß sein muß; sie kann bei bewußter geistiger Führung auch von innen produziert und beschleunigt werden. Voraussetzung ist, daß wir den Willen haben, eine Ganzheit zu schaffen zwischen Geist, Vernunft, Körper, Seele, Kosmos und Erde. Die geistige Entwicklung ist primär zu erreichen mit Hilfe der Vernunft, die als das Werkzeug zu dienen hat, das die anderen Zusammenhänge erkennt und schafft; das heißt aber nicht, daß wir „kopflastig" sein sollen. Durch die geistigen Übungen sollen sich Körper und Seele entwickeln, und die geistige Arbeit dient diesem Vorhaben.

Die einzelnen Chakren

1. Hauptchakren

Das *Urchakra* hat seine Lage direkt unter dem Steißbein. Die Energie kreist im Uhrzeigersinn und gliedert sich in zwei Ströme, die spiralförmig rechts und links der Wirbelsäule emporfließen, um sich dort über die Hypophyse mit dem Scheitelchakra zu vereinen.

Das *Wurzelchakra* oder *Sexualchakra* liegt zwischen Anus

und Geschlecht; es bewegt sich ebenfalls im Uhrzeigersinn, wobei sich bei stärkerem Kreisen eine Elypse bildet, deren Spitzen Richtung Hara und Urchakra weisen. Die Energie des Wurzelchakras strahlt auf den gesamten physischen Körper aus und ist für seine Vitalität verantwortlich; transformiert bedeutet diese Kraft Kreativität im weitesten Sinne.

Das *Hara* liegt einen Daumenbreit unter dem Bauchnabel, bewegt sich auch im Uhrzeigersinn, und bei stärkerer Bewegung bildet sich ebenfalls eine Elypse, deren Spitzen Richtung Solarplexus weisen und an das Wurzelchakra reichen. Das Hara wirkt vornehmlich nach außen und gibt im Zusammenfluß mit Ur- und Wurzelchakra allen Lebensenergien Ausdruck. Im Hara entstehen Willenskraft und der Ausdruck der Einwirkungen von Ur- und Wurzelchakra.

Der *Solarplexus* dreht sich ebenfalls im Uhrzeigersinn, und zwar sowohl vertikal als auch horizontal. Hier verbindet sich die Seele mit dem Körper. Die aufgenommene Energie strahlt ihrerseits auf alle anderen Chakren zurück. Der Solarplexus erweitert sich im Laufe der Arbeit, so daß seine Energie mit dem Hara und dem Herzchakra in Berührung gerät.

Das *Herzchakra* kreist ebenfalls im Uhrzeigersinn, sowohl vertikal als auch horizontal, ähnlich wie der Solarplexus, hat aber mehr mit dem Körper und der individuellen Person zu tun. Hier finden unsere Gefühle Ausdruck; wenn wir Angst oder Schmerzen haben, zieht es sich zusammen. Wenn wir lieben oder uns freuen, öffnet es sich und läßt auch einen völlig unbewußten Menschen unseren Zustand erkennen. Herz- und Halschakra liegen einander sehr nahe, und was im Herzchakra entsteht, kommt über das Kehlkopfchakra nach außen.

Das *Kehlkopfchakra* oder *Halschakra* arbeitet wie alle anderen im Uhrzeigersinn und berührt in seiner Bewegung sowohl das Herz als auch die Hypophyse, die im unteren Drittel des Hinterkopfes angesiedelt ist. Das Halschakra läßt uns zeigen oder verleugnen, was in uns ist. Hier liegt das Bekenntnis zu uns selbst und zu anderen.

Das *Dritte Auge* findet man, wenn man sich eine gekreuzte Linie denkt, und zwar einerseits eine Linie zwischen den oberen Ansätzen der Ohrmuscheln, und andererseits eine Linie zwischen der Nasenwurzel und der Stelle, wo die Wirbelsäule an den Schädel stößt. Genau an diesem Kreuzpunkt befindet sich die Zirbeldrüse, und dort kreist das Dritte Auge. Wenn das Chakra voll geöffnet ist, füllt es den ganzen Kopf. Das geöffnete Dritte Auge dient uns als Sender, wenn wir andere Wesenheiten erreichen oder ein Gebet oder eine Manifestation ausschicken wollen. Im Dritten Auge findet das innere Sehen statt, das uns das Licht erkennen läßt, das wir in der Meditationsübung finden und das vom Scheitelchakra empfangen wird.

Das *Scheitelchakra* oder *Raja* befindet sich eine Handbreit über der Schädeldecke, und in seiner Bewegung berührt es einerseits das Dritte Auge und andererseits das Ende der Energiebahnen, die vom Urchakra über die Wirbelsäule nach oben fließen. Scheitel- und Urchakra bilden über die Kundalini ein einziges Energiefeld. Kundalini nennt man die Energieströme, die vom Urchakra über die Hypophyse zum Scheitelchakra führen. Ist das Scheitelchakra nicht erweckt, so ist doch das Urchakra aktiv. Das Urchakra führt allen anderen Chakren die notwendige Energie zu, die nicht direkt durch die Chakren selbst und über den Körper mit dessen Stoffwechsel aufgenommen werden. In dem Maße, in dem nach dem Urchakra die weiteren Chakren bewußt werden, steigt auch die Kraft der Kundalini und verfeinert sich, so daß letztendlich einerseits durch bewußte Handhabung der Chakren und andererseits durch die Veränderung der Energie entlang der Kundalini, die Schwingungen der Energie so feinstofflich geworden sind, daß sie im Scheitelchakra spirituellen Wesenheiten entsprechen. Durch diesen Zusammenfluß der Energien entsteht ein Kreislauf in uns. Alle vitalen Kräfte sind geweckt und wir fühlen uns wohl. Das Scheitelchakra läßt uns die feinsten Energien empfangen und ihrer bewußt werden. Wenn wir ein Gebet oder eine Manifestation aussprechen, unterstützt das Scheitelchakra die Aktivität des Dritten Auges.

2. Nebenchakren

Die Chakren der *Füße* ziehen aus dem Kontakt mit der Erde Energieflüsse, die den ganzen Körper versorgen können. Der sensibelste Punkt am Fuß befindet sich in der Wölbung der Sohle, genau im Schwerpunkt des Fußes. Die Energie wird im Uhrzeigersinn kreisend aufgenommen und windet sich spiralförmig die Beine entlang zum Urchakra. Wenn Energien von außen in uns eindringen, können wir sie über die Füße ableiten (Massage, Heilen).

Die Chakren der *Hände* geben und empfangen Energie, die bereits von einem Chakra oder mehreren Chakren bestimmt wurde oder von anderen Wesenheiten ausging. Aufgenommene Energien, wie auch die zu gebenden Energien, fließen über die Arme zur Hypophyse bzw. umgekehrt. Wenn wir bewußt handeln, können wir bestimmen, welche Energien durch unsere Hände strömen (Segnen, Heilen, Geben etc.).

Das Chakra der *Hypophyse* ist eines der wichtigsten Chakren, obwohl es als Nebenchakra bezeichnet wird. Es ist eine Art Verteilerstelle, die die Interessen von Körper, Geist und Seele koordiniert und gleichzeitig unseren Verstand als Werkzeug miteinbezieht. Die Hypophyse kreist ebenfalls im Uhrzeigersinn, wobei sie die Zielrichtung je nach Handlung verändert.

Jedes Chakra hat einen eigenen Charakter und eine eigene

Bestimmung. Im allgemeinen sind die Chakren unterschiedlich ausgebildet; darum stechen bei uns einige Fähigkeiten mehr hervor als andere. Die Meditationsübung kann uns helfen, mit allen Chakren bewußt zu arbeiten und die Harmonie in uns herzustellen.

Grundsätzliches zur Meditationsübung

Wir reinigen uns, ziehen reine Kleidung an und bereiten uns in einem sauberen, aufgeräumten, gut gelüfteten Raum auf unsere nächsten Schritte vor. Zur Unterstützung stellen wir die Beleuchtung auf die Farbe des Chakras ein, das wir üben möchten. Hilfreich ist ein entsprechendes Duftöl und das Konzentrationsmandala. Wir sorgen dafür, daß wir weder durch Besucher noch durch Telefon oder ähnliche Störungen verunsichert werden. Ein Schild an der Türe „Bitte nicht stören" ist sicherlich sehr sinnvoll. Alles soll bereitliegen, damit wir nicht im letzten Moment noch einmal aufspringen und etwas holen müssen. Auch sollten wir vorher genug gegessen haben, um während der Meditationsübung nicht hungrig zu werden. Bei Krankheit ist eine Meditationsübung durchaus möglich, muß jedoch den Umständen angepaßt sein. Wer schon eine Zeitlang das Meditieren übt, wird schnell herausfinden, wie er in Meditation gerät, auch wenn er auf einige vorbereitende Übungen verzichtet hat.
Sind Raum und Meditationsplatz vorbereitet und ist sichergestellt, daß es keine Störung gibt, so beginnt die innere Vorbereitung. Es wird ein Schutzmudra vollzogen und mit einem Gebet eine ungestörte innige Meditation erbeten.
Mudras sind seit Jahrtausenden überlieferte Bewegungen der Hände, die zusammen mit einer entsprechenden Manife-

station die Schwingungen um uns herum so einstimmen, daß wir uns geschützt fühlen.

Ursprünglich gab es eine regelrechte Sprache, die durch die Hände ausgedrückt wurde. Diese Sprache war für die Kommunikation mit Schutzgeistern und anderen Wesenheiten gedacht.

Mudras

Wer die Mudras einmal vollzogen hat, wird sich ihrer Wirkung bewußt werden und dann entscheiden, ob er dieses Ritual übernehmen will. Um ein Mudra zu vollziehen, stellen wir uns in die Mitte des Raumes mit dem Gesicht nach Norden. Wir legen die Hände flach aneinander und behalten diese Position ca. 10 Sekunden bei. Die Hände sind in Gürtelhöhe; die Fingerspitzen weisen schräg nach oben. Dann wird die linke Hand in Gürtelhöhe gehalten und die rechte legt sich auf den Bauch. Zeige-, Ring- und Mittelfinger der linken Hand bleiben erhoben, während der Daumen sich über den kleinen Finger legt. Wir bewegen die Hand vor dem Körper von links nach rechts und wenden uns, im Uhrzeigersinn drehend, die Bewegung wiederholend, in alle vier Himmelsrichtungen. Danach schließen sich die Hände, flach aneinandergelegt, wieder für ca. 10 Sekunden.

Während dieses Vorganges manifestieren wir in etwa: „Ich öffne meinen Körper und meinen Geist ausschließlich konstruktiven Kräften. Während ich meditiere, will ich im Namen Gottes und des Guten nicht gestört werden."

Nun lösen wir die Hände, haken die kleinen Finger ineinander. Die Spitzen der Zeigefinger berühren sich, die anderen Finger umschließen den Daumen …

Wieder werden die Hände in Gürtelhöhe nach allen vier Himmelsrichtungen von links nach rechts bewegt, und dann lassen wir die Hände noch in derselben Art verbunden über dem Kopf von links nach rechts kreisen. Währenddessen wird manifestiert: „Ich danke, daß ich sicher und vertrauensvoll eine innige Meditationsübung erlebe, und will, daß dieser Schutz erhalten bleibt, bis ich ihn wieder auflöse".

Danach werden die Hände nochmals ca. 10 Sekunden geschlossen. Es kann vorkommen, daß wir nun Energie fühlen. Dies ist das Zeichen, daß Wesenheiten, die um uns sind, unsere Bitte gehört haben. Es ist also kein Grund zum Erschrekken. Genausogut kann es vorkommen, daß wir gar nichts spüren. Das bedeutet nicht, daß wir nicht gehört wurden, sondern nur, daß wir gerade nicht disponiert sind, feine Energien dieser Art zu empfangen.

An dieser Stelle soll für alle nicht sichtbaren Wesen einmal eine Lanze gebrochen werden. Weder sichtbare noch unsichtbare Wesen sind bösartiger oder gefährlicher als wir selbst. Es soll nicht bestritten werden, daß Wesenheiten gemeine oder böse Charaktereigenschaften haben können. Nur haben sie selten mit uns zu tun, und die Angst vor „Geistern" oder „bösen Kräften" ist völlig überflüssig. Unsere Erde ist allen Kräften und Wesen eine Heimat. Wir gehören alle hierher, und niemand ist böse, nur weil er nicht sichtbar ist. Eines ist allerdings wichtig zu wissen: Wenn wir Angst haben oder feindselig sind, dann ziehen wir die entsprechenden Kräfte an. Wenn wir aber freundlich sind, warum sollte uns dann jemand angreifen? Nicht sichtbare Wesen, die in Not sind, werden sich gerne in unsere Meditationsübung mit einfühlen, denn die Energie, die währenddessen frei wird, gibt ihnen Licht und das Bewußtsein für Gott. Es soll also nochmals betont werden: Die Mudras sollen nicht „böse" Geister vertreiben, sondern alle anwesenden Wesenheiten einladen, an der Meditationsübung teilzunehmen und zu profitieren. Erregte oder verbitterte Wesen sollen auf diese Weise beruhigt werden und das entstehende Licht erkennen.

Die Energie fließt nun in eine Richtung, und das trägt zu einer ungestörten Meditation bei.

Lichtdom

Nun bilden wir einen Lichtdom auf folgende Weise: Wir stellen uns auf den Platz, an dem wir während der Meditationsübung den Körper zur Ruhe kommen lassen wollen. Dies ist das Zentrum. Wir imaginieren etwa einen Meter über dem Kopf eine Energiequelle, die am sinnvollsten eine leuchtendgelbe Kugelform hat. Aus der Mitte der Kugeln strömen nun in einem weiten Bogen Energiewellen zum Boden, durch den Boden hindurch und sammeln sich wieder etwa einen Meter unter dem Platz, auf dem wir stehen, zu einer weiten Energiekugel. Von dort steigen wieder Energiewellen empor und münden in die obere Wölbung der Kugel. So entsteht eine Energiekugel, in deren Inneren wir ungestört von äußeren Einflüssen meditieren können. Dieses Verfahren ist besonders geeignet, wenn man im Freien meditieren will.

Atmung

Jetzt lenken wir unsere Aufmerksamkeit auf die Atmung. Die Atmung ist ein wichtiger Bestandteil der Meditations- und der Entspannungsübungen. Wenn wir uns beobachten, stellen wir fest, daß sich im Laufe eines Tages unser Atemrhythmus häufig verändert. Auch die Tiefe des einzelnen Atemzuges verändert sich. In Angstsituationen z.B. wird der Atem schnell und gepreßt. Wenn wir aufgeregt sind, wird er stoßweise hervorkommen, und in entspannter, ruhiger Zeit geht er langsam und tief.

Mit der Atmung kommt nicht nur unser Zustand zum Ausdruck, sondern wir können ihn auch mit Hilfe des Atems verändern. Wenn wir uns genau merken, wie wir atmen, wenn wir ruhig und gelassen sind, und dann in einer erregten Situation diese Atmung wiederholen, stellen wir fest, daß wir ruhiger werden und die Erregung abklingt.

An dieser Stelle kommt bisweilen das Argument, daß mit der Atmung manipuliert wird. Solange wir das selbst und bewußt betreiben, ist Manipulation ein gutes Instrument zur Transformation, da sie unserem eigenen Willen entspricht, wohingegen Manipulation von außen, die uns nicht bewußt ist, uns schaden kann, da wir sie nicht in der Hand haben.

Mit einem Atemzug beginnt unser Körper zu leben, und wenn wir aufhören zu atmen, verlassen wir den Körper wieder. Die Atmung ist also für dieses Leben erhaltend und sollte von uns aufmerksam beachtet werden.

Wie verkrampft wir oft atmen, kann uns nur unsere eigene Beobachtung über einige Tage hinweg zeigen. Auch wie sich unser Leben verändert, indem wir bewußt atmen, zeigt uns am besten die Erfahrung. Körper und Seele sind durch die Atmung verbunden, und die wechselseitige Wirkung wird in der Beobachtung klar.

Während der Meditationsübung und der Vorbereitung nimmt das Atmen den wichtigsten Raum ein.

Grundsätzlich soll immer länger aus- als eingeatmet werden. Im Idealfall wird doppelt so lange aus- wie eingeatmet. Wir atmen durch die Nase ein und durch den leicht geöffneten Mund aus. Während der Meditationsübung sollte die „Viereckatmung" erreicht werden. Das heißt, wir lassen ganz entspannt die Atmung hineinfließen und füllen uns mit dem Atem ganz aus. Für eine kurze Zeit wird die Atmung zum Stillstand kommen, bevor der Atem langsam wieder hinaus fließt. Wieder tritt Stillstand ein, und erst wenn der Körper es wirklich braucht, strömt die Luft ein.

Es kann vorkommen, daß wir in der Meditationsübung plötzlich bemerken, daß der Körper das Einatmen „vergißt". Das ist kein Grund sich zu ängstigen und gewaltsam einzuatmen, es ist lediglich ein Zeichen dafür, daß die Chakren den Körper mit Energie versorgen und Atmung in diesem Zustand nicht notwendig ist.

Während wir bewußt atmen, begleiten unsere Gedanken den Atemzug. Mit dem Einfließen manifestieren wir einen leichten, feinstofflichen Strom, der bis in das Geschlecht fließt und sich im ganzen Körper verteilt. Herausfließend nimmt der Strom alles mit, was an Grauem, „Unreinem" in uns ist. Sind wir etwas geübter, so lenken wir den Strahl in alle Teile unseres Körpers, bevor wir mit den Entspannungsübungen und der Meditationsübung beginnen.

Das muß alles ohne Druck und Zwang geschehen. Wenn wir den Atem pressen oder länger ein- als ausatmen, kann es zur Hyperventilation kommen. Die ersten Anzeichen dafür sind, daß die Hände sich verkrampfen und ein unangenehmes Prickeln entsteht. Sollte jemand in einen solchen Zustand geraten, legt man am besten die geschlossenen Hände über Nase und Mund und atmet mehrmals die eigene ausgeatmete Luft ein. Man kann auch *kurz* in eine Plastiktüte atmen. Die Hyperventilation verursacht Rauschzustände, die zu schweren seelischen Verletzungen führen können, und ist, vor allem wenn man allein ist, nicht ungefährlich. Ein solcher Mißbrauch der Atmung läßt keine Meditation zu.

Forciert wird niemals das Einatmen, sondern das Ausatmen. Ein tiefes Einatmen ist die konsequente Folge des Ausatmens. So ist das Atmen der Pfad, der uns in Meditation führt. Vielleicht müssen wir ein bis zwei Wochen üben, bis wir uns diese Form der Atmung zu eigen gemacht haben; doch bald werden wir erkennen, wie wohl wir uns durch diese Veränderung fühlen. Der ideale Rhythmus liegt etwa bei

2 Sekunden einatmen, 1 Sekunde Stillstand,
4 Sekunden ausatmen, 1 Sekunde Stillstand.

Jeder muß natürlich für sich den richtigen Rhythmus finden. Sollten sich trotz aller Sorgfalt Schwierigkeiten einstellen, so sollte ein Arzt aufgesucht werden.

Entspannung
Nun legt man sich möglichst bequem auf den Boden und entspannt den Körper systematisch. Man lenkt den Atem in die Zehen und spannt sie so kräftig wie möglich an. Beim Ausatmen entspannt man sie und dankt in etwa: „Liebe Zehen, ihr habt mir heute den ganzen Tag gute Dienste geleistet. Ihr habt Ruhe verdient. Ich vertraue euch nun Gott an und belasse euch in der verdienten Ruhe." Dieser Vorgang wird zweimal wiederholt.
Beim nächsten Atemzug spannt man den Fuß (ohne die Zehen) an und setzt die Entspannungsübungen dreimal in folgender Reihenfolge fort: Unterschenkel, Oberschenkel, Po, Hüfte, Unterbauch, Rücken, Zwerchfell, Hände, Unterarme, Oberarme, Schultern, Genick und Hals, Gesicht und den gesamten Kopf. Für diese Entspannungsübungen gibt es spezielle Tonträger.

Akupressur
Haben wir uns auf die Atmung eingestellt, setzen wir uns auf, ohne den entspannten Zustand, in den wir geraten sind, aufzugeben, und suchen am Fuß und an der Hand den Chakrapunkt und drücken dreimal (siehe Karten).
Akupressur ist ein uraltes Heilverfahren, das darauf basiert, daß man die Körpermeridiane, Linien, die netzartig im und auf dem Körper verlaufen, und deren Entsprechung erkannt hat. Jeder kennt sicherlich die Akupunktur, die in den asiatischen Ländern noch heute als wichtiger Teil der Medizin angewandt wird. Während Akupunktur nur von ausgebildeten Ärzten oder Heilkundigen angewandt werden darf, ist die

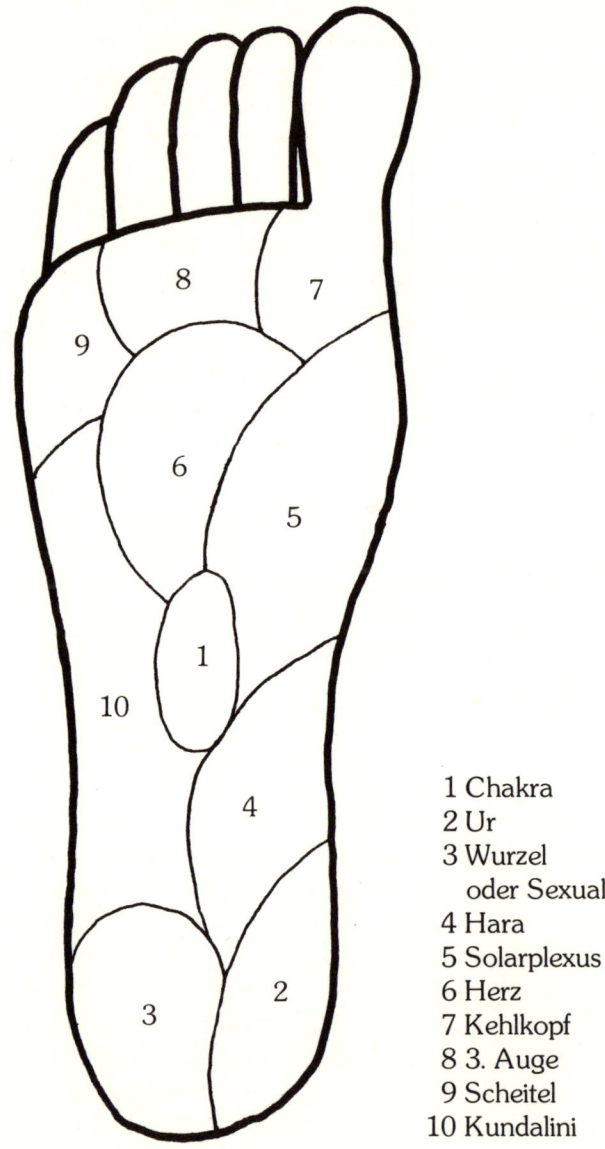

1 Chakra
2 Ur
3 Wurzel
  oder Sexual
4 Hara
5 Solarplexus
6 Herz
7 Kehlkopf
8 3. Auge
9 Scheitel
10 Kundalini

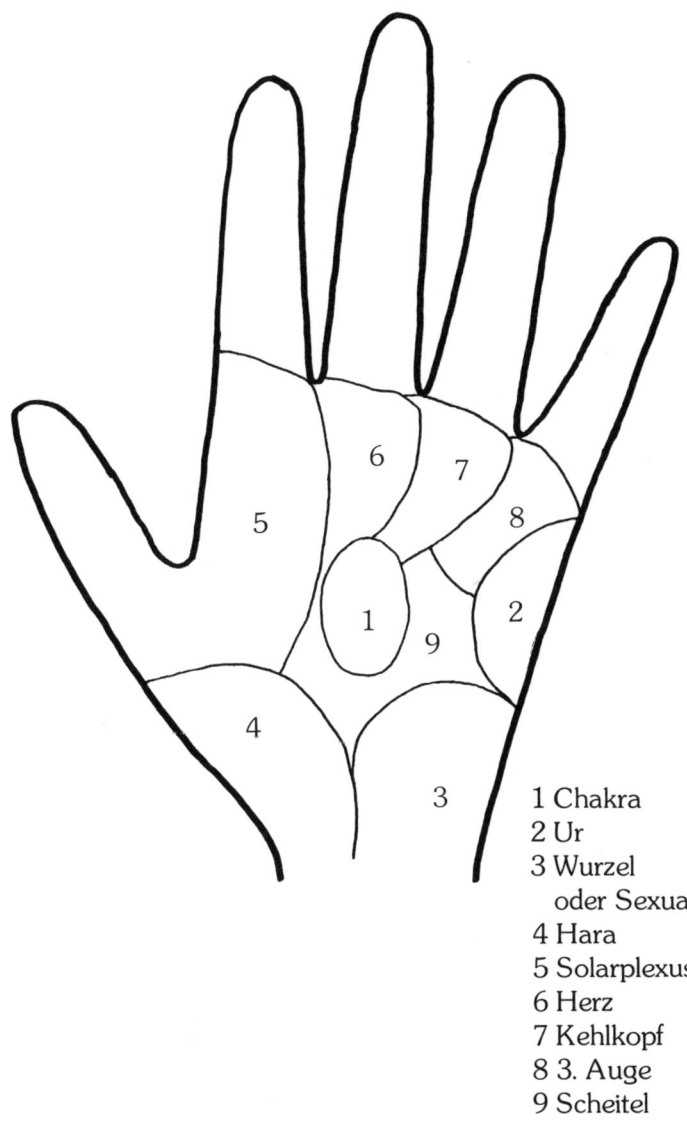

1 Chakra
2 Ur
3 Wurzel
   oder Sexual
4 Hara
5 Solarplexus
6 Herz
7 Kehlkopf
8 3. Auge
9 Scheitel

kleine Schwester, die Akupressur, in die Volksmedizin eingegangen. In Europa wird inzwischen eine Abart, die Reflexzonenmassage, sehr gepflegt.

Wir finden korrespondierende Energiepunkte, die den ganzen Körper ansprechen, in allen Extremitäten widergespiegelt, sogar in den Ohren. Weil Drüsen auch auf die Tätigkeit der Chakren einwirken, erleichtert uns die Akupressur, unsere Chakren kennenzulernen. Um die entsprechenden Drüsen anzuregen, drücken wir an Händen und Füßen Akupressurpunkte. Der Druck muß nachhaltig sein, aber er darf nicht weh tun. Wir atmen tief ein, und der Druck begleitet das Ausatmen. Nach der Akupressur sollten wir einige tiefe Atemzüge tun.

Die Chakrapunkte werden nur mit dem Daumen und Zeigefinger angeregt.

Wenn das Urchakra gedrückt wird, muß ebenfalls das Wurzelchakra gedrückt werden und umgekehrt.

Ausklang

Ist die Meditationsübung ausgeklungen, stehen wir auf und vollziehen ein trennendes Mudra.

Wir schließen wie zu Beginn die Hände in Gürtelhöhe für etwa 10 Sekunden.

Dann legen wir die Handflächen ineinander, die rechte Hand liegt mit der Handfläche nach oben und bildet mit der linken offenen Hand ein Kreuz, die Daumen sind nach außen gespreizt. Wir drehen uns von rechts nach links einmal um uns selbst und manifestieren dabei: „Ich danke für diese innige Meditationserfahrung, die ich machen durfte. Ich will alles in mir festhalten und im Alltag weiterleben im Namen Gottes."

Zum Abschluß legen wir die Daumen ausgestreckt aneinander, während die obersten Glieder der Finger nach innen gezogen aneinandergefügt werden. Dreimal entfernen sich die

Daumen von der Hand, während wir uns in jeder Richtung von rechts nach links drehen und dabei jedesmal die Bewegung der Daumen dreimal wiederholen.

Nun ist die Meditationsübung abgeschlossen, und wir öffnen den Dom, indem wir die Energie in umgekehrter Reihenfolge zurückziehen.

Wir öffnen das Fenster und essen eine Kleinigkeit.

Eine Meditationsübung darf niemals länger ausgedehnt werden, als es der Körper und der Geist zulassen. Die Meditationsübung ist beendet, wenn die Energie sich nach außen wendet.

Entstehen während der Meditation Visionen, Bilder oder ähnliches, so müssen wir vor der Meditationsübung angstauflösende und vertrauensbildende Übungen machen (Atmung).

Wichtig ist die Empfehlung, während der gesamten Lernzeit Aufzeichnungen zu machen, damit wir, wenn man auf einen Irrweg gerät, an dem Punkt wieder beginnen können, als wir uns noch sicher fühlten. Träume, Bilder, Visionen sollten ebenfalls aufgezeichnet werden, ebenso die Planung der einzelnen Meditationsschritte, wenn sie ausgearbeitet sind.

Während der 108 Schritte sollte man sich jedes Schrittes ganz sicher sein, bevor man den nächsten tut.

Definition von Gebet, Manifestation, Meditation, Imagination

Da über diese Begriffe häufig Unklarheit herrscht, wollen wir sie für uns genau definieren:

Von Gebet oder Manifestation sprechen wir, wenn wir eine

Bitte, einen Gedanken oder einen Wunsch ausdrücken wollen. Da alle Wesen göttlicher Natur sind, haben sie Anspruch auf Gesundheit, Wohlbefinden und Zufriedenheit. Allem was existiert geht ein Gedanke oder eine Idee voraus. In unserem geistigen Auge entsteht das vollendete Bild dessen, was erreicht werden soll. Es ist also schon existent.

Diesen Gedanken halten wir solange fest, bis er in unserer materiellen Welt entstanden ist. Handelt es sich um Bitten geistiger Art, so beharren wir, bis der Zustand eingetreten ist. Bei einem Gebet oder einer Manifestation handelt es sich immer um etwas, das wir aussenden. Wenn wir den Gedanken, der einem Gebet oder einer Manifestation zugrundeliegt, vollendet haben und das Bild (Imagination) vor unserem geistigen Auge entstanden ist, ist es nur logisch, wenn sich die Bitte in Dank wandelt, und wir, wissend, daß unsere eigenen Kräfte wirksam sind, verwenden nun im Gebet die vollendete Form, z.B. danke ich, daß mein gebrochener Fuß vollkommen heil geworden ist.

Wir zweifeln oft an der Wirksamkeit unserer Gebete oder Manifestationen, wenn sie nicht so eintreten, wie wir es uns wünschen. Die Ursache liegt häufig darin, daß dieser Wunsch nicht mit unserem Unterbewußtsein übereinstimmt und deshalb unsere Energien nicht zusammenfließen können.

Manchmal erkennen wir die Situation nicht, und unser Unterbewußtsein läßt uns an unserem Handeln zweifeln. Wir sollten also herausfinden, warum wir unseren Gebeten entgegenstehen.

Von Imagination sprechen wir, wenn wir uns hilfsweise etwas vorstellen, das unsere Meditationsübungen unterstützt. Derselbe Vorgang wurde in der Definition von Gebet und Manifestation beschrieben.

Die Meditation ist das Gegenüber des Gebets. In der Meditation sind wir empfänglich, wir hören nach innen und empfangen auch die zartesten Energien. Vereinfacht könnte man sagen, im Gebet sprechen wir zu Gott, in der Meditation hören wir die Antwort.

Religion und Religiosität

Wenn wir hier von Religion sprechen, bezeichnen wir damit erstarrte, feste Regelungen, die „Glauben" voraussetzen. Für niemanden sollte es einen Grund geben, etwas zu glauben, denn Glauben beinhaltet gleichzeitig auch Zweifel.
Wenn wir von Religiosität sprechen, meinen wir, daß wir zu unseren Ursprüngen, also zu Gott zurückkehren und dies auch tatsächlich erfahren (lat. „religio" = „Ursprung").
Ein religiöser Mensch ist sich seines Ursprungs bewußt, kennt seine göttliche Natur und offenbart dies.

Ernährung

Zur Öffnung eines jeden Chakras sollte eine bestimmte Diät eingehalten werden. 12 Tage vor Beginn der Meditationsübungen sollte auf Fleisch verzichtet werden. Wir sollten nur reines Wasser trinken, Tee ist erlaubt in Form von Früchtetee (nur eine Frucht pro Tag). Während dieser 12 Tage sollten wir uns hauptsächlich von Wurzeln und Getreide ernähren, aber pro Mahlzeit immer nur eine Art Getreide oder Wurzeln.

Wer sich auf eine meditative Zeit vorbereitet, sollte dem Körper die Möglichkeit geben, sich zu reinigen und in Einklang zu geraten. Dafür ist zu empfehlen: möglichst giftstofffreie Nahrungsmittel dem Körper zuzuführen und sich die letzten 2–3 Tage vor Beginn der Meditation ausschließlich von Körnern, Nüssen, Milch und Honig zu ernähren. Die Nüsse sollten sanft aufeinander abgestimmt sein, und die Häufigkeit der Nahrungsaufnahme sollte dem Hunger entsprechen.

Es gibt 3 Grundnahrungsmittel, die es uns ermöglichen, den Körper in positive Schwingungen geraten zu lassen: Milch, Honig und Nüsse. Wer es kann, sollte versuchen Milch, Honig, Nüsse und Getreide 2 oder 3 Tage lang zur ausschließlichen Nahrung zu bestimmen; dazu gehört Wasser als Getränk, es muß gesundes Wasser sein, also nicht mit Chemikalien versetzt. Ist es nicht möglich, dieses Wasser direkt zu bekommen, so wird empfohlen, das Wasser kurzfristig der Sonne auszusetzen, also etwa 1 Stunde, und dann mehrfach von einem Krug (aber nicht aus Metall oder Plastik!) in einen anderen zu füllen, so daß das Wasser mit Sauerstoff in Berührung kommt. Dann sollte es gekühlt werden, aber nicht unter die Temperatur der Außenwelt, also nicht kühler als es nachts werden würde; es darf auf keinen Fall zu Eis gefrieren ($+4°C - +7°C$). Man kann dieses Wasser auch verwenden, um Auszüge aus Blättern zu machen; Tee kochen sollte man in dieser Zeit nach Möglichkeit vermeiden. Man weicht getrocknete oder frische Kräuter in kaltem Wasser ein und läßt diese Mischung nach mehreren Stunden leicht aufwallen, aber nicht kochen. Dann läßt man den Tee etwa 2 Minuten ziehen, seiht ihn ab und trinkt ihn wie gewohnt.

Der Anteil der Milchprodukte sollte den größten Teil der täglichen Nahrungsaufnahme ausmachen, der Anteil des Getreides etwa ein Drittel der Milch, und der Honig wird zum

Würzen genutzt. Die Nüsse sollte man zwischendurch – ganz, gehackt oder gerieben – als Ergänzung verwenden. Selbstverständlich ist Salz zulässig; man kann auch Getreideprodukte, Soßen aus Getreide, geröstetes Getreide oder Soßen, die mit etwas Pfeffer und Kräutern gewürzt sind, genießen.

Vermeiden sollte man in diesen Tagen Gemüse im weitesten Sinne, also auch keine Zwiebeln und keinen Knoblauch.

Wer Tongeschirr hat, sollte in dieser Zeit ausschließlich mit Tongeschirr hantieren; die Glasur sollte allerdings nicht metallhaltig sein. Jede Nahrung, die mit Metall in Berührung kommt, verändert ihre Schwingung.

In Urth war man der Auffassung, daß sich jeder bewußt sein sollte, welche Anstrengung er von seinem Körper fordert, und daß er sich dementsprechend ernährt, so daß immer ausreichend Energie zur Verfügung steht und es zu keiner Erschöpfung kommen kann.

Wenn wir uns dieses Prinzip zu eigen machen, werden wir erfahren, daß wir ausgeglichener und aufnahmefähiger sind.

Während in Urth die Meditationsschule durchlaufen wurde, achteten die Schüler besonders auf ihre Ernährung und stimmten sie auf das entsprechende Chakra ab. Dabei gab es grundsätzliche Regeln, die einfach zu verstehen sind:

Was den Anteil der Körner am täglichen Nahrungsbedarf betrifft, so wird für die Zeit der Übung von Hand-, Fuß- und Urchakra ein Anteil von etwa zwei Dritteln als besonders günstig angesehen.

Während der Übung von Wurzelchakra, Hara und Solarplexus sollte der Körneranteil etwa die Hälfte ausmachen.

Während der Übung von Herz-, Kehlkopf- und Hypophysenchakra wird immer noch ein Anteil von mindestens einem Drittel empfohlen.

Nur während man das Dritte Auge, das Scheitelchakra und

die Verbindung der Kundalini übt, sollte man nicht mehr als ein Zehntel Anteil der Speisen an Körnern verzehren.

Bei Gemüse und Früchten hilft eine einfache Regel: Während der Übung von Fuß-, Hand- und Urchakra sollte überwiegend all das gegessen werden, was über der Erde wächst. Während der Übung des Wurzelchakras, des Haras, des Solarplexus, des Herz- und des Kehlkopfchakras sollte möglichst nur das genossen werden, was unter der Erde wächst. Während der Übung der restlichen Chakren sollte oben und unten möglichst ausgewogen sein.

Der Anteil des gekochten Gemüses an den Mahlzeiten sollte nicht mehr als ein Drittel ausmachen.

Milch und saure Milchprodukte sind gerade während der anstrengenden Zeit einer neuen Phase sehr wichtig. Aber auch sonst ist alles, was von der Milch kommt, sehr förderlich und sollte reichlich verzehrt werden.

Nüsse gehören als Zwischenmahlzeit unverzichtbar zu den Nahrungsmitteln, die während des Tages verzehrt werden. In wichtigen Meditationsübungsphasen spielt die Mandel eine besondere Rolle. Es empfiehlt sich, mindestens eine Handvoll jeden Tag zu essen.

Für die Zeit der 108 Schritte sollte sorgfältig darauf geachtet werden, daß wenig Fett und zusätzliche Süße bei den Mahlzeiten und „Snacks" genommen werden. Dicksäfte aus Früchten können jedoch unbedenklich genossen werden.

Wer seine Mahlzeiten am Arbeitsplatz essen muß, den sollte die Ausgabe für einen Thermotopf nicht reuen. Im allgemeinen sind das Kantinenessen oder die schnell um die Ecke gekauften Brötchen unserem Körper nicht nützlich und bei den Meditationsübungen belastend.

Selbst wenn wir nur kalte Zwischenmahlzeiten am Arbeitsplatz zu uns nehmen, sollten wir uns ein stilles Plätzchen suchen, wo wir andächtig und bewußt essen können.

Wasser

Wasser trägt in sich die Informationen des Lebens. Es stimuliert mit dieser Eigenschaft unseren Körper zur Reinheit, Aktivität und Erneuerung. Deshalb sollten wir nur frisches Quellwasser trinken. Das ist in unserer Gesellschaft kaum verfügbar. Das Leitungswasser ist durch die vielen Reinigungsvorgänge schlichtweg tot. Es kann also mit seiner Schwingung auch nur die Information des Todes weitergeben. Dieser Umstand verändert sich auch nicht, wenn man es durch Filter oder irgendwelche Maschinen laufen läßt. Auch wenn man Kohlensäure oder Sauerstoff hinzufügt, kann man es nicht wieder lebendig machen. Nur der natürliche Ablauf des Wasserkreislaufes kann das Wasser wiedergebären und damit lebendig machen. So ist zu empfehlen, Quellwasser in Glasflaschen zu kaufen. Es soll kühl gelagert, aber nicht zu kalt getrunken werden. Wenn man die Flaschen vor dem Öffnen kräftig schüttelt, wird der Sauerstoff im Wasser aktiviert und unterstützt seine Wirkung.

Definition der Schwingungsbrücken

Bei der nachfolgenden Beschreibung eines jeden Chakras sind Informationen hinzugefügt, die uns helfen, die charakteristische Schwingungsart des Chakras in uns bewußt werden zu lassen, des weiteren, welche Gefühle, Verhaltensweisen, Wünsche, Einflüsse von innen durch das Chakra oder von außen auf das Chakra wirken. Das soll dazu beitragen, daß wir einen präziseren Eindruck gewinnen. Je klarer uns eine Struktur oder der Charakter eines Chakras wird, um so genauer können wir es definieren und um so klarer wird unser Bewußtsein die Schwingung des Chakras erkennen. Der Beschreibung der einzelnen Energiefelder und den Vorschlägen, wie in etwa die Meditation für ein Chakra praktiziert werden kann, geht eine Tabelle mit solchen Informationen voraus. Natürlich muß man nicht alle anwenden oder nutzen, es handelt sich hier lediglich um Informationen, aus denen wir uns die, für uns richtige, wählen können. Sobald wir uns über die Absichten und Wirkung der 108 Schritte im klaren sind, werden uns sicherlich auch andere Hilfsmittel einfallen oder begegnen, die unsere Zielsetzung unterstützen. Wie wir mit den einzelnen Informationen umgehen können, wird im folgenden erklärt.

„Betonung auf"

Unter der Rubrik „Betonung auf" sind die Handlungen genannt, die von dem jeweiligen Chakra bestimmt werden. Wollen wir während der Übungszeit eines Chakras tagsüber Eindrücke sammeln, so richten wir unsere Aufmerksamkeit auf die genannte Handlung. Dabei ist es sehr wichtig, ganz genau zu definieren und sich sehr klar darüber zu sein, wie wir diese Handlungen tun. Eine Tat ist z.B. etwas Vollzogenes, ein Handeln dagegen findet in der Gegenwart statt.
Wir können Taten planen, und wir können sie im Rückblick betrachten. Während sie entstehen, sind es Handlungen. Wollen wir unsere Handlungen betrachten, so ist es auch nötig, daß wir das dazu gehörende Umfeld bedenken, z.B. Behandlung, Verhandlung, Warenhandlung. Auf diese Weise tragen wir die Informationen für die Kontemplation zusammen.

„Stoffe"

Unter der Rubrik „Stoffe" finden wir Begriffe, die uns durch ihre Schwingung lehren, wie das einzelne Chakra schwingt.

Während der Meditation stellen wir uns vor, daß wir ganz mit diesem Stoff gefüllt sind, und machen uns auf diese Weise die Schwingungsart zu eigen. Dabei ist wirklich gemeint, daß wir diesen Stoff fühlen, schmecken, wirken lassen, sozusagen unsere Haut mit diesem Stoff ausfüllen; wir fühlen die Temperatur, die Substanz, die Dichte und das Gewicht.
Wenn wir uns dieser Imagination vollständig sicher sind, ziehen wir diesen Eindruck auf das entsprechende Chakra zusammen und fühlen die Schwingung im Chakra rotieren.

„Laute"

Unter der Rubrik „Laute" finden wir Silben, die während der Meditation gesungen werden. Dabei atmen wir tief durch die Nase ein, legen die Zunge an den Gaumen und lassen den Laut langgezogen durch die fast geschlossenen Lippen herausfließen, beispielsweise bei den Füßen „mmooooo". Dieses Laute-Singen soll uns die Vibration des Lautes vermitteln. Darum müssen wir uns öffnen und zu einem hohlen Gefäß werden, in dem die Schwingung wahrnehmbar wird.
Wenn wir uns der Eigenart der entsprechenden Schwingung ganz bewußt sind, verdichten wir sie und führen sie zu dem dazu gehörenden Chakra. Das Laute-Singen ist eine ganz wichtige Methode, die uns, vor allem beim Verbinden der Chakren, gut unterstützt. Der Grundton der Meditationsmelodien zeigt uns die Tonlage des Lautes. Der Rhythmus ergibt sich aus unseren Atemzügen. Es kann vorkommen, daß die Ausatmung unerwartet lange anhält, so daß sich der Ton immer länger zieht. Das ist für uns eine wichtige Erfahrung, denn nun geschieht die Meditation aus uns heraus; wir haben das Werkzeug verstanden, beiseitegelegt und erleben nun einen Zustand unseres Selbst. Der Verstand dient nur noch der Beobachtung. Wir lassen geschehen und gleiten auf den Lauten immer tiefer in die Meditation.

„Urth-Planet"

Unter der Rubrik „Urth-Planet" finden wir den Planeten, der der Schwingungsart des jeweiligen Chakras entspricht. Jeder Planet beherrscht einen bestimmten Laut und eine bestimmte Tonart. Für die Astrologen ist es sicherlich interessant, wie die Einflüsse der Planeten zu Urths Zeiten erkannt wurden. Der Charakter eines jeden Planeten entspricht schwingungsmäßig dem Charakter des genannten Chakras. Das bedeutet nicht, daß die Nähe oder Ferne eines Planeten eine Rolle spielt. Lediglich in Zeiten, wenn die Ausstrahlung eines Planeten besonders stark auf die Erde wirkt, sind die entsprechenden Chakren empfindlicher und können die Energie deutlicher wahrnehmen.

„Prinzip"

Unter der Rubrik „Prinzip" finden wir die Bestimmung des Chakras, wenn es geöffnet und vital in uns agiert. Umgekehrt läßt sich anhand des Prinzips erkennen, welche Chakren bei uns mehr oder weniger geöffnet sind. Das Prinzip beinhaltet auch das, was von den Chakren ausgeht, selbst wenn wir uns dessen nicht bewußt sind.

„Streben"

Unter der Rubrik „Streben" sind die Auswirkungen des Prinzips in Form von Zielsetzungen und Wünschen zusammengefaßt. Wenn diese Wünsche in uns sehr wichtig werden, wissen wir, daß dieses Chakra aktiv ist, und können dann, wenn der Wunsch hervortritt, beobachten, wie das Chakra arbeitet. Wir können aber auch Wünschen, die wir nicht wollen, Einhalt gebieten, wenn wir das Chakra in Schwingung bringen und harmonisieren. Oft ist es die Art des Wunsches selbst, wodurch uns gezeigt wird, wo die Energie nicht fließen kann.

„Bedürfnis"

Hier verhält es sich genauso wie mit dem „Streben". Treten bei uns Bedürfnisse auf, so können wir davon ausgehen, daß das entsprechende Chakra sehr starken Einfluß auf uns hat, und wir sollten uns bemühen, das Bedürfnis zu prüfen und bewußt zu erfüllen oder abzubauen. Der Unterschied zwischen Streben und Bedürfnis liegt darin, daß wir häufig etwas anstreben, weil wir es für uns wollen und wir uns vorstellen, daß uns die Erfüllung des Strebens gut tut. Ein Bedürfnis hingegen ist unabdingbar, damit wir uns mit uns selbst wohlfühlen; z.B. braucht ein ordentlicher Mensch klare, saubere Linien, um sich wohlzufühlen. Er wird also danach streben, zu dieser Ordnung zu kommen. Dieses Streben ist dann mit seinem Bedürfnis im Einklang. Es gibt auch Menschen, die nach Ruhm und Ehre streben und sie nicht erlangen, weil ihr Bedürfnis nicht stark genug ist, dieses Ziel zu erreichen. Die Zufriedenheit wird erst dann eintreten, wenn Bedürfnis und Streben in Einklang kommen. Man wird also entweder lernen, seine Energie so einzusetzen, daß Ehre und Reichtum erreicht werden, oder die Schwingung des Chakras gerät so in Einklang, daß das Bedürfnis wegfällt.

„Unterentwickeltes und entwickeltes Bewußtsein"

Hier haben wir Hinweise, die uns helfen, den Entwicklungszustand eines Chakras zu erkennen und bewußt weiter zu entwickeln. Jeder muß sich nun sehr ehrlich selbst betrachten und für sich herausfinden, wie es um seine Chakren steht und wie bewußt er damit arbeitet.

„Farbe"

Jedem Chakra entsprechend entstehen Farben. Ist ein Chakra optimal entwickelt, so tritt eine Farbe besonders hervor. Dieser Farbe entsprechend gibt es Mandalas, die in Form und Gestalt und natürlich auch Farbe der Schwingungsart des Chakras entsprechen. Diese Farben sind deshalb so wichtig, weil sie im feinstofflichen Bereich die totale Öffnung bedeuten, und wenn wir diese Farben fühlen, können wir die Fähigkeiten des Chakras entfalten. So können während der Meditationsübung mehrere Farben in Anspruch genommen werden, jeweils ihrem Chakra zugehörig. Der Atem führt bewußt Energie zu dem geübten Chakra und färbt sich durch die Energie des Chakras zu einem farbigen Schwingungsstrahl. So nehmen wir z.B. durch die Fußchakren ein silbrighelles Weiß-Grün auf, das sich im Urchakra orange, daraufhin im Wurzelchakra dunkelrot, über das Hara hellrot, zum Solarplexusgefühl goldgelb, im Herzen grün und beim Ausatmen im Kehlkopf zu einem lichten Aquamarinblau wandelt. Aber auch umgekehrt sind uns Farben Hinweise, wenn unbewußt ein Chakra auf uns wirkt, z.B. wenn wir „vor Wut rot sehen".

„Pflanzen"

Es gibt sehr viele Pflanzen, die der Energie unserer Chakren entsprechen. Die genannten Pflanzen sind, wenn sie gesund und lebendig sind, dem entsprechenden menschlichen Chakra am nächsten. Sowohl wenn wir uns auf die Pflanze konzentrieren als auch, wenn wir die Hände oder den Körper in ihre Nähe bringen, wird uns die Schwingung bewußt.

„Ton und Rhythmus"

Jedem Chakra entspricht eine bestimme Tonlage, die in der Meditationsmusik berücksichtigt werden sollte. Genauso ist es mit dem Rhythmus. Die angegebenen Hertz-Zahlen basieren auf dem Ton „a" mit 436 Hz, die Rhythmen entsprechen der Metrik der modernen Metronome. Jede Musik, die dem Rhythmus und der Tonlage entspricht, kann als Meditationsmusik genutzt werden. Ton, Licht und Farben sind die stärksten Vermittler von Schwingungen. Sie dürften uns deshalb die wichtigsten Stützen sein, wenn wie die Schwingungen unserer Chakren erkennen wollen.

„Bewußtseinsformen"

Je intensiver unsere Chakren geöffnet sind, um so deutlicher kann unsere Seele an der Reife teilnehmen. Das heißt, die gemachten Erfahrungen dieses Lebens können die Seele prägen und auf ihre Entwicklung einwirken, so daß sie in der Lage ist, den Nutzen aus unseren Erfahrungen zu ziehen. Die Essenz unserer Erfahrung ist dann die Grundlage für die Fortentwicklung der Seele. Wie stark die Wirkung eines Chakras auf unsere Seele ist und wie einprägsam die Erfahrungen sind, die wir durch das Chakra machen, finden wir in dieser Spalte.

„Kerne"

Jedes Chakra hat seine Wirkung aus seelischen ursächlichen Zusammenhängen. Die Kerne entsprechen der Entwicklungssituation der Seele. Als Kerne definieren wir den Bewußtseinszustand, den die Seele über das entsprechende Chakra zum Ausdruck bringt. Die grundsätzlichen Erfahrungen, die eine Seele durch ihr irdisches Leben erlangen kann, sei es manifest oder auch im Schwingungszustand, drücken sich über die Chakren aus. Das sind dann die Essenzen dieser Erfahrungen. Es ist durchaus möglich, daß wir dieses Bewußtsein nicht definieren können, das bedeutet jedoch nicht, daß es uns fehlt. Aus irgendeinem Grund verbietet uns das Unterbewußtsein, Zugang zu finden. Das kann damit zusammenhängen, daß wir bestimmte Prozesse noch nicht abgeschlossen haben und Erfahrungen vorweg nehmen würden, oder daß uns die Erinnerung so aus dem Gleichgewicht brächte, daß wir den jetzigen Erfahrungsprozeß unterbrächen. In keinem Fall handelt es sich hier um einen Grad unserer Reife, und niemand sollte versuchen, seine Reife nach der Bewußtheit der Kerne einstufen zu wollen. Jeder von uns hat ein Leben gewählt, das seiner Seele dienlich ist. Alle Seelen sind göttlicher Natur, und der Lebensprozeß an sich ist die Ursache des Göttlichen. Darum kann niemand eine Stufe weiter oder eine Stufe zurück sein. Wir sind alle auf ein und demselben Weg, lediglich an verschiedenen Positionen. Das Stufendenken ist ein Auswurf unserer menschlichen, gesellschaftlichen Leistungsstruktur und hat nichts mit den Prozessen unserer Seele zu tun. Es gibt für jeden ein klareres, deutlicheres, verantwortungsvolleres, autarkes und damit ein zufriedenes, erfülltes, vertrauensvolles Leben. Die Liebe, die in uns bewußt wird, läßt uns unsere göttliche Natur immer deutlicher erkennen, aber es gibt keine Stufenleiter.

„Kristalle"

Die Kristalle, die hier aufgezählt sind, senden in ihrer Schwingungsart die Energie aus, die den genannten Chakren entspricht. Um bei Meditationsübungen diese Schwingungsart besonders gut kennenzulernen, stellen wir den Kristall vor eine Kerzenflamme und beobachten das aus dem Kristall hervortretende Licht, nicht den Kristall selbst. Bei vielen Chakren sind mehrere Kristalle genannt. Es ist wichtig, daß wir mit unserem Gefühl entscheiden, welcher Kristall zu unserem Chakra paßt.

„Drüsen"

Jedes Chakra wirkt auf unseren Körper, und je stärker es arbeitet, um so wirksamer arbeiten die entsprechenden Drüsen. Wenn wir einmal geübt sind, können wir durch spezielle Meditationspraktiken das eine oder andere Chakra besonders aktivieren und dem Körper helfen, gesund zu bleiben oder es zu werden.

„Fähigkeiten"
Durch die Öffnung der Chakren können wir bestimmte Fähigkeiten gut ausbilden. Während wir ein bestimmtes Chakra üben, sollten wir unsere Aufmerksamkeit darauf richten, diese Fähigkeit besonders zu betonen und in unseren üblichen Lebensablauf miteinbeziehen.

„Aufgabe"
Um uns der Fähigkeiten, dem Streben und der Bedürfnisse, die mit den Chakren zu tun haben, bewußt zu werden, stellen wir uns eine Aufgabe, die die Entwicklung unterstützt. In den Aufgaben, die vorgeschlagen werden, ist die Rede von der „rechten" Achtsamkeit, der „rechten" Sammlung, der „rechten" Anstrengung, der „rechten" Handlung, der „rechten" Tat etc. Diese Formulierungen beinhalten, daß wir bei allem, was wir tun, die Mitte finden müssen. In Urth gab es einen „langen Gang", den jeder Schüler und jede Schülerin durchqueren mußte. Dabei sollten sie sich bewußt machen, daß die Energie einer Eigenschaft oder eines Handelns immer neutral und völlig wertfrei ist. So haben Schweigen und Reden die gleiche Energie, erst unsere Einsicht oder unser Nicht-Verstehen entscheiden darüber, wie wir diese Energie einsetzen. Finden wir für unsere eigene Schwingung oder die unseres Gegenübers die richtige Handlung, so sind wir in der Mitte. Um bei dem Beispiel zu bleiben: Wenn jemand sehr viel redet, ohne darauf einzugehen, ob der andere zuhören kann oder will, macht er aus dem Reden nichts Gutes, und Schweigen wäre angebracht. Wenn hingegen jemand schweigt, obwohl er sieht, daß der andere in Gefahr gerät, so macht er aus diesen Schwingungen nichts Gutes, und er hätte besser et-

was gesagt. Um das rechte Maß zu erlernen, gibt es unendlich viele Beispiele von „Zwillingseigenschaften" oder „Tätigkeiten", innen und außen, hell und dunkel, Hier und Jetzt, Herrschen und Demut, Lieben und Gleichgültig sein, Besitzen und Loslassen etc., bis hin zum Geboren werden und Sterben. Alle diese „rechten" Aufgaben sollen uns zu dieser Mitte führen.

„Schwingungen"

Die Evolution der Erde wird durch Schwingungen aus dem Kosmos beeinflußt. Nicht nur wir Menschen, sondern auch alle anderen Wesenheiten (Pflanzen, Tiere, Wasser, Steine etc.) und auch die Erde selbst haben Chakren, die von diesen Schwingungen betroffen sind. Das löst in uns die unter „Schwingungen" genannten Möglichkeiten aus. Diese Schwingungen nennen wir auch Strahlen, die ein bestimmtes Bewußtsein und bestimmte Einsichten möglich machen. Die unter der Rubrik *Hüter des Strahls* genannten Meister haben dieses Bewußtsein für uns besonders herausgearbeitet, und noch heute wirken ihre Kräfte in diesen Strahlen auf uns, und ihre Lebenswege und Lehren helfen uns, den Weg zu finden.

„Strahlen"

Die von den Hütern betreuten Strahlen und Schwingungen finden ihre Ausdrucksform in uns und um uns herum, und zwar in der Form, wie sie den Chakren zugeordnet wurde.

„Biorhythmus"

Die Hauptchakren und die Hypophyse unterliegen dem Biorhythmus, die physischen Chakren einem Rhythmus von 28 Tagen, die persönlichen oder psychischen Chakren einem Rhythmus von 23 Tagen, und die spirituellen Chakren einem Rhythmus von 33 Tagen. Es empfiehlt sich, mit einem Meditationsprogramm wie den 108 Schritten zu beginnen, wenn wir uns auf dem Höhepunkt des 33-Tage-Rhythmus befinden.

„Duft"

Gleich den Farben und den Pflanzen etc. können auch Düfte Hilfestellung zum Erkennen einer Schwingung geben. Wichtig ist dabei zu wissen, daß das erhitzte Duftöl nur wenige Sekunden ausströmen soll und man dann die Flamme löscht, um nicht über die ganze Zeit weitere Duftemissionen zu provozieren. Das führt zu Kopfschmerzen und verwirrt. Man kann auch entsprechende Räucherstäbchen oder Räucherkerzen verwenden. Klarer und eindeutiger ist allerdings die Verwendung des Duftöls, das unbedingt natürlich gewonnen sein muß. Dabei ist dieses Duftöl sehr sparsam zu verwenden und es genügt, 1–2 Tropfen mit etwas Wasser über einer Flamme zu erhitzen.

„Kräuter"

Die genannten Kräuter wirken heilend in dem Bereich, auf den sich das Chakra bezieht, und zwar indem wir bewußt die Schwingung der Pflanze wahrnehmen, wenn wir das entsprechende Chakra aktivieren. Es ist dabei keineswegs notwendig, die Pflanze zu zerstören. Ihre heilende Wirkung strömt auf uns über, wenn wir unsere Chakren öffnen und mit der Bewußtheit der Pflanze eins werden. In England hat ein Dr. Bach diese Möglichkeit weiterentwickelt, und man kann nun die berühmten „Bachblüten" beziehen; das ist Wasser oder Alkohol, auf die die Pflanzen ihre Heilwirkung übertragen haben. Obwohl sie von der Schulmedizin als wirkungslos verurteilt werden, unterliegen sie in Deutschland erstaunlicherweise der Rezeptpflicht. Jeder mag sich selber seinen Reim darauf machen. Für die Unterstützung der Meditationsübungen genügt es, sich mit einer der genannten Kräuterpflanzen anzufreunden und von ihr die Schwingung zu erfahren, die das entsprechende Chakra betrifft.

„Bäume"

Bäume sind uns Menschen gute Freunde. Wenn wir bewußt ihre Freundschaft in Anspruch nehmen, helfen sie uns, nicht nur die Schwingung eines bestimmten Chakras zu erkennen, sondern sie wirken wie Katalysatoren auf unseren Geist, wenn unsere Gedanken nicht still werden wollen. Jeder sollte einmal versuchen, einem Baum intensiv zu begegnen und sein Wesen wahrzunehmen.

„Früchte"

Die genannten Früchte und Gemüse wirken gezielt auf unseren Stoffwechsel und helfen uns, den Körper auf die Meditationsübungen einzustellen. Weitere Informationen sind in dem Kapitel „Ernährung und Wasser" zu finden.

Außenbereich"

Im Außenbereich werden uns die Orte genannt, die uns im Ablauf des Tages immer wieder helfen, uns eines Chakras bewußt zu werden und seine Tätigkeit zu fühlen.

Definition von Meditationshilfen

Musik

Für die Übungen zur Körperentspannung, Konzentration und Kontemplation sowie für die Übung der einzelnen Chakren wurde eine Musik komponiert, die genau den Übungen entspricht. Wir sollten immer dieselbe Musik für denselben Schritt verwenden, so daß das Anklingen der Melodie auf uns wie ein Signal wirkt, das uns in den entsprechenden Zustand geraten läßt. Außerhalb der Meditationsübungen sollten wir diese Musik nicht abspielen.

Zum Abschluß der 108 Schritte wird es uns dann möglich sein, aufgrund der 13 Melodien völlig autark uns der Chakren und der damit verbundenen Gefühle bewußt zu werden.

Auf jeden Fall sollten Ton und Rhythmus dem Chakra entsprechen und die Melodie einfach sein.

Mandala

Wie die Übungsfolge wurden auch die Mandalas durchgegeben, die der Meditationsschule von Urth entsprechen; jeder Strich und jede Farbe wurde von dem Meister geprüft und solange verändert, bis beides genau der Schwingungsart eines Chakra entsprach.

Die modernen Druckverfahren haben große Schwierigkeiten, diese Mandalas originalgetreu wiederzugeben. So bleibt nur die Möglichkeit eines Kunstdrucks.

Die Mandalas sind bei ungenauem Druck für die Meditation nicht geeignet. Es kann sich natürlich jeder selbst ein Mandala gestalten. Wichtig ist es dabei, daß die Farbe der Energie entspricht und die Struktur dem inneren Bild der Energie möglichst nahe kommt.

Duftlampen

Für die 108 Schritte wurden die Duftlampen, die in Urth verwendet wurden, rekonstruiert. Ihr Vorteil liegt darin, daß sie nur wenige Tropfen der kostbaren Öle benötigen und auch mit selbstgemachtem Duftfett gefüllt werden können. Wem

Rosenöl zu teuer ist, der kann sich auch mit Geraniumöl behelfen.

Farbenleuchten

Auch hier wurde die ursprüngliche Form von Urth wiederholt. In einer Blüte aus Milchglas und Zinn wird eine farbige Röhre aufgestellt, die der Energiefarbe des Chakras entspricht, das gerade geübt wird.

Für alle Meditationshilfen sowie Kleidung, Kissen, Teppiche oder Schemel ist zu empfehlen, sie ausschließlich für die Meditation zu verwenden. Das gilt auch für die Musik. Sie sollte nur zu diesem Zweck gehört werden. So weckt jeder dieser Gegenstände in uns besondere Aufmerksamkeit, die schnell verloren ginge, sollten wir unsere Meditationshilfen ganz alltäglich anwenden.

Mantra

In Asien ist es üblich, einem Schüler ein Mantra zu verleihen. Häufig ist dieses Mantra gleichzeitig der Name, den ein Schüler von seiner ersten Einweihung an trägt. Dies ist bis heute auch in europäischen Klöstern üblich. Mantra bedeutet, daß der Sinn dieses Wortes zur Zielsetzung des Schülers wird, auf die er in diesem Leben hinarbeitet. In Urth war der Name, den ein Kind empfing, gleichzeitig ein Mantra. Wenn das Kind großjährig wurde, fand es Gelegenheit, seinen Namen zu ändern und seine Zielsetzung selbst festzulegen.

Immer wenn wir mit unserem Mantra gerufen werden oder es auf andere Weise hören, macht es uns unserer Aufgabe bewußt. Die Erfahrung hat gezeigt, daß diese Form der „Disziplinierung" sehr wirkungsvoll sein kann, damit wir auch im Alltag nicht vergessen, meditativ zu bleiben. Sicher ist jeder in der Lage, sich sein eigenes Mantra zu suchen, falls er es wünscht; vielleicht trägt ja auch sein Name ein Mantra in sich, wenn er glaubt, daß ihn diese Form die Bewußtheit über den Tag hinweg zu erhalten hilft.

Geräte und Gegenstände, die uns über den Tag hinweg an den Vorsatz, in der Mitte zu bleiben, erinnern sollen, sind allerorten zu finden. Auch im Rahmen der 108 Schritte werden solche „Erinnerer" angeboten.

Praktische Meditationsübungen

Wenn wir uns entschlossen haben, Meditation in unseren Alltag einzubeziehen, so müssen wir uns bestimmter Notwendigkeiten bewußt werden. Unser Unterbewußtsein wurde und wird seit unserer Geburt durch Erfahrungen geprägt, die wie bei einem Computer gespeichert wurden und dadurch wird ein bestimmtes Verhaltensprogramm trainiert. Schon ein sehr kleiner Mensch zieht aus Erlebnissen bestimmte Erfahrungen, die sein Verhalten über sein ganzes Leben prägen. Erregt ein „quängelndes" Kind immer wieder den Unwillen seiner Bezugspersonen, so erlebt es, daß Quängeln die Harmonie stört und den Fluß der Liebe vermindert. Dieser Mensch weiß nun, daß sein Quängeln (Ausdruck von Schmerz, Angst, Trauer) so nicht zu einer Veränderung der Situation führt, also wird er, wenn er sich einsam fühlt, lächeln, um mehr Zärtlichkeit zu erlangen; sind die Bedrängnisse zu groß, wird er nicht quängeln, sondern angstvoll panisch schreien. Wird dieser Mensch erwachsen, kann er seiner Trauer und seiner Einsamkeit nicht mehr den natürlichen Ausdruck geben, sondern er wird versuchen, durch Lächeln und Charme andere dazu zu bewegen, ihm Zärtlichkeit und Aufmerksamkeit zu schenken.

Die Ursache für sein Verhalten bleibt in ihm nur noch als Ahnung, denn sie ist in sein Unterbewußtsein abgesunken und nur noch als Verhaltensprägung vorhanden. Wenn wir nun mit Hilfe der Meditationsübung unsere Gefühle und deren Ursachen genau erkennen wollen, ist es gut, wenn wir unserem Unterbewußtsein Signale geben, um Konditionierungen zu verändern. Dazu eignen sich Rituale, die ständig wiederholt werden, weil sie ähnlich wie Erfahrungen unser Unterbewußtsein prägen. Jeder sollte sich nach seiner eigenen Lebensweise ein Ritual erarbeiten, das er vor jeder Meditationsübung vollzieht. Der Sinn besteht darin, daß jeder, sobald diese Handlungen stattfinden, das eingeprägte Bewußtsein sofort präsent hat und von diesem Punkt aus weiterarbeiten kann.

Die Meditationsübung sollte nach Möglichkeit immer am selben Ort stattfinden.

Für die Meditationsübung ist es gut, leichte weite Kleidung zu tragen; am besten wählen wir ein Hemd, in dem wir uns wie in einem Zelt geborgen fühlen. Wir wählen eine Haltung im Sitzen oder Liegen, in der wir ohne Verspannungen etwa eine Stunde bequem bewegungslos sein können. Je geschlossener dabei der Körper ist, desto leichter fühlen wir die Energie.

Der Lotussitz ist mit Sicherheit die geeignetste Form. Es hat aber keinen Zweck, eine solche Sitzhaltung zu erzwingen und dann während der Meditationsübung durch Schmerzen oder Unruhe gestört zu werden. Wer im Liegen meditieren will, sollte eine Hand aufgestützt auf den Ellenbogen nach oben halten, damit er nicht einschläft. Sollte es doch geschehen, fällt die Hand nach unten, und er wacht auf. Erfahrungsgemäß ist die sitzende Haltung jedoch vorzuziehen, wobei die Hände und die Füße beieinander liegen sollten.

Es ist nicht immer ganz leicht, eine Haltung zu finden, in der

man so lange stillhalten kann. Oft helfen hier Meditations-
bänkchen, die dafür sorgen, daß einerseits weder Muskeln
noch Gefäße abgedrückt werden, und daß andererseits die
Beine geschlossen am Körper bleiben. Sollten wir uns doch
bewegen müssen, lassen wir es so langsam wie möglich geschehen. Die beste Unterstützung für die Meditationsübung
findet man in akustischen und optischen Meditationshilfen.
Die Musik wirkt mit ihrer Schwingung direkt auf unsere
Chakren ein, gleichzeitig hilft sie uns auch, eine Prägung im
Unterbewußtsein hervorzurufen. Selbst wenn die Musik verklungen ist, hält das Gefühl der Meditation noch an. Für
Menschen, die meditieren wollen, könnte das Ritual der Vorbereitung etwa so aussehen:
Er kommt nach der Arbeit nach Hause, läßt das Tagesge-
schehen noch einmal an sich vorbeiziehen und löst die Geschehnisse soweit wie möglich auf, damit er dann während
der Meditationsübung nicht von Bildern des Tages irritiert
wird.
Vermutlich wird er hungrig sein und sollte sich satt essen. Es
ist ein Irrtum anzunehmen, daß Fasten im Sinne von Hung-
rigbleiben die Meditation fördert. Es ist viel besser, durch bewußtes Zusammenstellen der Nahrung und essen die Meditationsübung zu unterstützen (Nehants Kochbuch).
Danach wird er den Raum, in dem er meditieren möchte, auf-
räumen, säubern und gut lüften. Er stellt die Meditationshilfen bereit (Düfte, Licht, Mandalas) und eine Kleinigkeit, die er
nach der Meditationsübung zu sich nehmen wird.
In unserer europäischen Welt fällt es uns oft recht schwer,
über längere Zeit still zu halten. Deshalb gilt es, im Körper alle Unruhe abzulegen und still zu werden, bis der Körper wirklich keine Lust mehr hat, sich zu bewegen. Dazu stehen viele
Möglichkeiten zu Verfügung. Man kann nach einer flotten
Melodie tanzen, auf dem Boden liegen und radfahren oder

Gymnastik machen, oder vor der Meditationsübung intensiv rennen; danach wird geduscht oder sich gründlich gewaschen und die Meditationskleidung angelegt. Die Lampe oder Duftkerze wird angezündet. Jetzt fangen die eigentlichen Meditationsvorbereitungen an.

Vielleicht vollzieht er das Ritual der Mudras und baut sich einen Energiedom. Dann wird mit gezielten Entspannungsübungen der Körper noch einmal zur Ruhe gebracht. Wenn er sich aufgesetzt hat, sucht er zuerst am linken, dann am rechten Fuß die Punkte für das Chakra, das er durch Akupressur anregen möchte; dabei spricht er eine Manifestation oder ein Gebet mit der Bitte, daß die Meditationsübung gelingen möge.

Er schaltet die erste Kassette ein und sucht sich einen ruhigen Punkt, auf dem der Blick haften bleibt (Mandala). Während dieser Konzentrationsübung geht es darum, die Gedanken ruhig werden zu lassen. Es hat keinen Sinn, sie zu unterdrücken. Während Atmung und Musik erlebt werden und der Blick haften bleibt, werden die Gedanken von selbst stiller.

In der zweiten Phase, die durch Veränderung der Musik angekündigt wird, sucht er nun die Kontemplation. Er betrachtet das Thema der Meditation von allen Seiten, bis die Essenz herausgearbeitet ist und die Gedanken sich so verdichtet haben, daß sie ihre Energie offenbaren und zu einem Gefühl werden. Dieses Gefühl hält er fest und nimmt es mit in die Meditationsübung, durch die er das entsprechende Chakra zu erkennen und bewußt in Bewegung zu setzen sucht.

Auch wenn die Musik verklungen ist, wird sich die Meditationsübung noch etwas fortsetzen. Er sollte ruhig abwarten, bis sich sein Zustand gewandelt hat ...

Er öffnet den Dom, macht das abschließende Mudra und öffnet die Fenster. Nachdem er etwas gegessen hat, legt er die

Meditationskleidung ab, räumt die Meditationshilfen zur Seite und macht kurze Notizen in sein Tagebuch, in dem er auch seine Träume aufzeichnet. Dabei geht es hauptsächlich darum, das Erlebte festzuhalten und nicht darum, die Meditationsübung zu bewerten. Er sollte zur Klarheit kommen, was er für sich erreichen möchte, welches seine persönlichen Probleme sind und wie er sich weiterentwickeln will.

Die Meditationsübung und ihr Thema sollten uns nicht nur während der täglichen Übungszeit nahe sein. Deshalb ist es gut, wenn wir uns auch für den Alltag Mittel und Weg erdenken, die an das Thema erinnern und seine „Gebetssekunden" auslösen. Das bedeutet, wir machen uns z.B. daran fest, daß wir, wann immer wir ein gelbes Auto erblicken, einen von uns festgelegten Satz sprechen wie z.B.: „Ich sende einen liebenden Gedanken für alle Tiere aus und bitte, daß sie sich heute wohlfühlen und ausreichend Nahrung finden." Wann immer unser Blick auf eine Uhr fällt, sollte der Gedanke in unserem Kopf gesprochen werden: „Ich danke für die Zeit, die ich hier verbringen darf und bitte, daß ich in Zukunft Frieden und Wohlstand erlebe." Oder wenn wir eine Glocke läuten hören, sagen wir: „Ich strahle heute für die Heilung der Menschen und der Erde aus. Ich danke für die Liebesfähigkeit, die mir dies ermöglicht."

Wollen wir ein bestimmtes Ziel erreichen, so sollten wir uns ebenfalls an zufälligen Ereignissen festmachen und immer dann, wenn z.B. ein Telefon läutet, denken: „Ich danke, daß mein gebrochener Fuß bereits geheilt ist und daß ich dies schon bald in der Wirklichkeit unserer dreidimensionalen Welt erfahren habe."

Auch wenn wir dies für andere tun wollen, genügt es nicht, nur während einer festgelegten Meditationszeit zu praktizieren, sondern es sollte so oft wie möglich geschehen. Sehr hilfreich sind für solche Übungen Windspiele und Schmuckstükke, die häufig gehört werden oder ins Auge fallen. Anfänglich wird das mancher sehr anstrengend finden, doch diese innere Disziplin wird bald zur lieben Gewohnheit werden und in unserem Unterbewußtsein Gottes Nähe einprägen. Diese Beschreibung kann uns natürlich nur Anhaltspunkte geben und sollte keineswegs wie ein Rezept verwendet werden.

Es hat häufig Gerüchte gegeben, daß Menschen durch Meditationsübungen psychisch erkrankt oder gar verrückt geworden seien. So etwas kann nur geschehen, wenn wir uns Gewalt antun. Solange die Atmung sorgfältig beobachtet wird und wir uns zu nichts zwingen, kann es zu keiner seelischen Verletzung kommen. Dabei müssen wir aber verstehen, daß wir ganz ehrlich mit uns umgehen müssen. Es ist manchmal hart zu erkennen, wie wir wirklich sind, und es tut auch manchmal weh. Sich dieser Realität bewußt zu bleiben ist kein Zwang. Wir sollten gütig mit uns sein und verstehen, daß wir bestimmte Realitäten nicht anerkennen wollen. Zwang wäre es, wenn wir in unser Unterbewußtsein gewaltsam einbrechen, z.B. durch Hypnose. Niemand sollte sich durch Hypnose oder Drogen zu psychischen Handlungen zwingen, wobei wir natürlich unterscheiden müssen, ob wir etwas nicht erkennen wollen oder ob wir krank sind oder müde, oder körperlich nicht in der Lage, ruhig zu werden. Als wichtiger Punkt muß noch erwähnt werden, daß Meditationsübungen dieser Art nicht unter Einfluß von Alkohol oder von starken Drogen vollzogen werden sollten. Medikamente, die aufgrund von psychischen Krankheiten genommen werden (Tranquilizer) können sich ebenfalls beim Meditieren negativ auswirken und zu Erlebnissen führen, die Angst machen. Deshalb sollte der Psychologe befragt werden, welche Auswirkungen die Medikamente haben. Meditieren kann grundsätzlich jeder, und viele Krankheiten werden in ihrem Heilungsprozeß durch Meditation unterstützt. Es gibt sogar spezielle Meditationsformen, die durch das bewußte Aktivieren von Chakren zu Heilmethoden geworden sind. Ein Mensch, der in Harmonie ist, hat weniger mit Krankheiten zu tun und kann durch den Meditationszustand seine Gesundheit fördern. Die Aktivität der einzelnen Chakren wirkt direkt auf Organe und Drüsen; sie haben starken Einfluß auf unseren gesundheitlichen Zustand. Umgekehrt kann uns aber auch eine Krankheit zeigen, welche Chakren blockiert sind oder welches psychische Problem von uns nicht gelöst wurde. Jede Krankheit ist ein Hinweis auf Disharmonie in uns oder mit unserer Umwelt.

Die 108 Schritte

Die 108 Schritte setzen sich aus je 3 × 3 Schritten für Konzentration und Kontemplation sowie 3 × 3 Schritten für das Öffnen der 7 Hauptchakren, nämlich Ur-, Wurzelchakra, Hara, Solarplexus, Herz-, Kehlkopfchakra, Drittes Auge und Scheitelchakra zusammen, wobei Ur- und Scheitelchakra ein Chakra sind, das zwei Aspekte hat. Jeweils 3 × 3 Schritte werden für die 5 Nebenchakren geübt, nämlich die Füße, die Hände und das Hypophysenchakra.

Um alle Übungen zu durchlaufen, benötigt man etwa 3–4 Jahre. Ein Schritt ist vollendet, wenn wir uns ganz sicher fühlen, wenn das Bewußtsein der Energien in uns entsteht, wann immer wir dies wünschen. Jeder Übung geht eine Entspannungsphase voraus, die immer wiederholt werden muß. Mit der Zeit werden wir herausfinden, welcher Weg für uns der richtige ist, um ein Chakra zu öffnen, und welche unterstützenden Mittel für uns wirken.

Jeder muß für sich selbst bestimmen, wann er in der Lage ist, die nächste Übung zu beginnen. Um sich auf die 108 Schritte vorzubereiten, sollten wir einige Zeit zuvor besondere Aufmerksamkeit auf unsere Ernährung lenken und auch das Thema Wasser sehr ernst nehmen.

Wenn wir die 108 Schritte üben, ist unser Ziel, die Aussage unserer Seele, also des Unterbewußtseins, mit dem Wissen des Oberbewußtseins zu vereinen und so mit uns selbst eins zu werden. Das Programm der 108 Schritte ist ein Werkzeug, um dieses Ziel zu erreichen.

Das zweitwichtigste Werkzeug ist die Atmung, die Körper und Seele verbindet; sie sollte niemals außer acht gelassen werden. Während der Meditationsübung müssen wir aufmerksam und bewußt bleiben.

Anfänglich gelingt es manchen nicht, während der Meditationsübung aufmerksam zu sein und das Erlebte zu beobachten. Das ist dann eine erholsame Übung, die erfrischt und entspannt. Auch dies ist sehr nützlich und oft der persönlichen Situation angepaßter als die bewußte Meditationsübung. Unser Streben sollte allerdings dahin gehen, während der Meditationsübung aufmerksam zu sein und unsere Erfahrungen zu beobachten.

Es ist kein Zeichen von besonderer Versenkung, wenn wir das, was um uns herum geschieht, nicht mehr wahrnehmen; vielmehr sollten wir unsere Umgebung erkennen und registrieren, ohne jedoch dadurch in unserer Meditationsübung gestört zu werden.

Das Ende der Meditationsübung wird von jedem einzelnen erfühlt und kann nur so beschrieben werden, daß der Zustand sich wandelt und sich dem äußeren Leben zuwendet. Weder die Länge noch die Erlebnisse während einer Meditationsübung, noch der Grad der Abgeschiedenheit können eine Bewertung der Meditation sein. Nur die fortschreitende

Reife, die zunehmende Liebesfähigkeit und Ausgeglichenheit sind ein Gradmesser für die Erfolge durch die Meditationsübung.

Während der 108 Schritte sind wir mit uns selbst konfrontiert und haben oft das Gefühl, nicht voranzukommen. Das tritt dann ein, wenn wir Geschehnisse an uns entdecken, die mit dem Bild nicht übereinstimmen, das wir uns von uns selbst machen. Nun kommt es auf unsere Ausdauer und unseren Wunsch an, uns selbst zu verwirklichen und in Harmonie zu leben. Häufig ist dann die Änderung der eigenen Betrachtungsweise oder ein Gespräch mit einem erfahrenen Meditierenden sehr hilfreich.

Zu jeder Beschreibung eines Chakras werden Meditationsvorschläge gemacht. Das können natürlich nur Vorschläge sein, und jeder muß für sich selbst die richtige Form finden. Jede Übung sollte drei Unterteilungen haben, wobei der letzte Teil die Synthese der vorangegangen zwei sein sollte, z.B. außen-innen-Synthese, Körper-Seele-Geist, weltlich-spirituelle Synthese (mental) etc.

Alles was uns dabei unterstützen kann, uns unserer selbst bewußter zu werden, sollte von uns tagsüber beobachtet und „gesammelt" werden, also bewußt tasten, fühlen, schmecken, bewegen; aber auch, unsere Gefühle genau zu bestimmen, unseren Willen genau zu erkennen, ist außerordentlich hilfreich und unterstützt uns in der Kontemplation. Während wir die 108 Schritte üben, werden uns viele Kreisläufe bewußt; nicht nur unser Körper, sondern auch unsere Umwelt ist in Kreisläufe eingebunden. Wir werden erfahren, daß mindestens zwei Komponenten zusammenkommen müssen, um einen Ausgleich zwischen zwei Spannungsfeldern zu schaffen und Harmonie offenbar werden zu lassen.

Die 108 Schritte werden uns verändern und damit auch unsere Position in unserer Welt. Wir werden neue Interessen finden, und das, was uns jetzt sehr wichtig erscheint, könnte uns weniger interessieren. Je mehr wir uns begegnen, je besser wir uns kennenlernen, je deutlicher und klarer wir uns und unsere Umwelt beobachten, desto mehr verändert sich unser Standpunkt. Es kann durchaus vorkommen, daß uns der „Small Talk" mit Bekannten nicht mehr zufrieden stellt und wir feststellen, daß Freunde nicht mehr mit uns „auf einer Wellenlänge" liegen. Wir werden neue Bekanntschaften schließen, und die Begegnungen werden inniger sein als bisher.

Wer nun fragt, warum wir 108 Schritte üben wollen, dem kann man von außen betrachtet sagen, daß dieses Programm ganzheitlich ist und alle energetischen Möglichkeiten, die auf der Erde gegeben sind, ausschöpft. Es wird nämlich seit Jahrhunderten allerorten meditiert, und sicherlich führen unzählige Methoden Menschen dorthin, wohin sie gelangen wollen. Kein Meditationsweg ist ein leichter Weg, und nur der, der wirklich etwas für sich erreichen will, sollte damit beginnen. Die 108 Schritte bieten die Möglichkeit, unabhängig von Religion oder Weltanschauung durch ein kontinuierliches, sinnvoll aufgebautes Programm mit sich und der Umwelt eins zu werden.

Es kann keineswegs versprochen werden, daß jeder diese Schritte für sich in Anspruch nehmen kann. Auch ist das erreichen des Scheitelchakras nur möglich, wenn es die persönliche Reife zuläßt. Jeder bestimmt für sich selbst, wie weit er gehen möchte.

Mit den 108 Schritten ist kein Heilsversprechen verbunden. Sie sind lediglich das, was sie sein sollen: Werkzeuge zur Erreichung eines Zieles.

Konzentration

Die ersten 3 × 3 Schritte

1. Übung

1. Schritt:
Wir suchen uns einen ruhigen Punkt, auf dem der Blick haften bleibt. Er soll nicht angestrengt sein, sondern entspannt und ruhig. Am besten eignet sich hierfür ein Mandala. Es führt den Blick immer wieder zum Zentrum. Der Atem soll ruhig und tief fließen und keineswegs angestrengt werden (s. Kapitel „Atem").
Bei dieser Übung geht es darum, die Gedanken zur Ruhe zu bringen. Es hat keinen Sinn, Gedanken unterdrücken zu wollen. Während man auf den Punkt schaut und langsam und ruhig atmet, kehren die Eindrücke der letzten Stunden zurück und lassen die inneren Ereignisse noch einmal passieren. Wir bleiben unbeteiligt und lassen das geschehen, sind aber aufmerksam und beobachten, wie die Gedanken immer seltener zu uns kommen. Wenn sie nur noch ganz vereinzelt auftauchen, ist die Zeit gekommen, den zweiten Schritt zu tun.
2. Schritt:
Wir lassen den Mittelpunkt oder Punkt auf uns wirken und beobachten, was dabei mit uns geschieht. Auch hier werden uns immer wieder Gedankenfetzen aus dem Geschehen des Tages stören. Das ist keineswegs ein Problem. Wir üben die Konzentration weiter, und wenn wir ganz empfänglich geworden sind, gehen wir auf den 3. Schritt der Konzentration zu.

3. Schritt:

Wir distanzieren uns und werden völlig unbeteiligt, beobachten nur noch die Atmung und halten die Augen weiter auf den Punkt gerichtet. Dann kommt der Zeitpunkt, wo wir bemerken, daß Gedankenstille eingetreten ist.

Dies sind die ersten drei Schritte.

2. Übung

1.–3. Schritt:

Im zweiten Gang betreiben wir dieselben Übungen, aber im Freien, wobei wir darauf achten, daß wir wohl das Geschehen um uns herum registrieren, es uns aber nicht beeinflußt.

3. Übung

1.–3. Schritt:

Im dritten Gang wiederholen wir ebenfalls diese drei Schritte, wobei noch Musik hinzukommt und wir sie uns so einprägen, daß bei Erklingen der Melodie der Zustand der Konzentration eintritt.

Jeder weiteren Meditationsübung geht der Vorgang der Konzentration voraus. Natürlich stellt sich der Zustand um so geschwinder ein, je länger wir üben. Wir sollten uns trotzdem jedesmal ganz sicher sein, daß wir ganz konzentriert sind.

Auf die Konzentration folgt die Kontemplation, die uns auf die eigentliche Meditationsübung vorbereitet.

Kontemplation

Die zweiten 3 × 3 Schritte
Kontemplation läßt uns alle Gedanken, die zu dem Chakra, das wir üben, möglich sind, zusammentragen.
Wir betrachten das Thema von allen Seiten, bis wir die Essenz gefunden haben; dann entsteht aus den zusammengetragenen Gedanken eine Wahrnehmung, die nicht mehr im Kopf ruht, sondern im Bauch erlebt wird.

1. Übung

1. Schritt:
Wir tragen alles zusammen, was mit dem Thema von außen zu tun hat. Dabei bleibt der Atem im Rhythmus, und der Blick ist ruhig auf einen Punkt oder ein Mandala gerichtet; dies behalten wir bei allen Kontemplationen bei.
2. Schritt:
Wir vertiefen das Thema, indem wir es so betrachten, daß wir erfahren, was es in uns auslöst oder mit uns tut.
3. Schritt:
Wir finden heraus, wie sich unsere Gefühle bei diesem Thema entwickeln.

2. Übung

1. Schritt:
Wir verdichten die Gedanken, die wir zum Thema von außen gefunden haben und versuchen, eine Essenz zu finden.

2. Schritt:

Wir verdichten die Gedanken, die wir zum Thema von innen gefunden haben, auf dieselbe Weise.

3. Schritt:

Wir bringen unser Gefühl mit den Erfahrungen zusammen, die wir bisher gemacht haben, und lassen das Gefühl in uns pulsieren.

3. Übung

1. Schritt:

Wir halten die Essenz, die wir erfahren haben, fest und lassen das Gefühl auf das Chakra wirken, auf das wir uns vorbereiten.

2. Schritt:

Wir vertiefen den Eindruck aus dem 1. Schritt und beobachten nur noch, nicht mehr im Kopf, sondern auschließlich im Bauch.

3. Schritt:

Wir bringen diesen Eindruck mit dem Chakra in Einklang und wenden uns der Meditation zu.

Das Urchakra oder Sakralzentrum

physisches Chakra, über die Kundalini mit
dem Scheitelchakra verbunden.

Betonung auf:	Realität-Manifestation
Stoff:	Eisen
Laut:	Glaum
Urth-Planet:	Sonne
Prinzip:	Vitalität, Gefühl von Individualität
Streben:	„zu sein" und sich schöpferisch zu verwirklichen
Bedürfnis:	nach Anerkennung, Selbst-darstellung, Inkarnation
Unterentwickeltes Bewußtsein:	Stolz, Arroganz, übertriebenes Verlangen etwas Besonderes zu sein.
Entwickeltes Bewußtsein:	Ausstrahlung von Geist, Kreativität und liebendes „Sich-Verströmen-Lassen"
Farbe:	orange
Pflanze:	Geranie, Rosengewächse aller Art
Ton:	cis
Bewußtseinsform:	wertfreie Energie, die sich löst, wenn der Körper stirbt
Kern:	Seele, die Urform zu erkennen, Wurzel des Kraftstromes verbindend
Kristall:	Krysolit, Diamant, Bergkristall
Drüse:	Nebennierendrüse
Fähigkeit:	Leben

Aufgabe:	rechte Sammlung
Schwingung:	Urenergie
Hüter des Strahls:	– – –
Strahl:	der reinen Energie
Biorhythmus:	28 Tage ab Geburt
Duft:	Myrrhe, Eisenkraut
Kräuter:	Sonnenhut
Baum:	Linde
Frucht:	Zitrusfrüchte, Apfel, Wildgemüse
Außenbereich:	schwarze, glatte Steine

Kontemplationsvorschlag:
1. Betrachtung des Steißbeins und der Wirbelsäule in allen Aspekten.
2. Betrachtung über das Einsetzen von Energie.
3. Betrachtung von Kraftströmen im Körper.

Urchakra oder Sakralzentrum

Das Urchakra bildet mit dem Wurzelchakra und dem Hara ein Dreieck. Es liegt zwischen dem fünften Lendenwirbel und dem Kreuzbein. Die Farbe ist ein leuchtendes Orange. Viele spirituelle Menschen bevorzugen diese Farbe, weil es eine vitale Farbe ist. Es ist die Steuerung der Lebensprozesse, das Zentrum der Macht, der niedrigen Gesinnung, die transformiert wird. Es hat Einfluß auf den unteren Teil des Kreislaufs, also Verdauung, Stoffwechsel, Ausscheidung, Reinigung, nicht nur körperlicher, sondern auch seelischer Art. Die Erhöhung der animalischen Kräfte in geistig-vitale geht von hier aus. Das Sakralzentrum liegt unmittelbar an der Wirbelsäule und dem Nervensystem im unteren Bauchbereich. Es ist die Urkraft, die alles in sich trägt. Sie fließt nach oben und unten. Fließt sie nach vorne, so ist sie körperlich und führt zum Wurzel- oder Sexualzentrum, fließt sie nach hinten oben, so nennen wir sie die Kundalini. Sie fließt direkt zum Scheitelchakra.

Kundalini nennen wir die beiden Nervenstränge, die rechts und links der Wirbelsäule liegen und unser Nervensystem versorgen. Fließt die Energie über diese Nervenbahnen und die Hypophyse vom Urchakra zum Scheitelchakra, so wird die animalische Energie zur spirituellen Energie transformiert. Das Scheitelchakra ist der transformierte Aspekt des Urchakras. Es handelt sich hier aber um ein einziges Energiezentrum. Wenn wir das Urchakra üben, bereiten wir uns gleichzeitig darauf vor, einen Kreis zu bilden, der vorne alle anderen Chakren in Verbindung bringt und sich über dem Rücken schließt. Sind Ur- und Scheitelchakra geschlossen, pulsiert das Leben in Kreisläufen ohne Unterlaß.

1. Übung

1. Schritt: Die Wirbelsäule ist das tragende Element unseres Körpers; darum ist der erste Meditationsvorschlag, sich der Eigenschaften der Wirbelsäule bewußt zu werden. Wir fühlen die Wirbelsäule.
2. Schritt: Wir werden uns bewußt, wie die Wirbelsäule die Kraft, die auf uns zukommt oder die Kraft, die wir einsetzen, verarbeitet (stoßen, springen, tragen etc.).
3. Schritt: Wir stellen uns vor, daß die von unten ins Urchakra einfließenden Kräfte die Wirbelsäule emporströmen und sie nähren.

2. Übung

Das Urchakra ist die Verbindung vom Menschen zur Erde.
1. Wir versuchen tatsächlich oder imaginieren das Versinken in frischer Erde, bis sich das Vertrauen einstellt.
2. Wir beobachten das Einfließen der Energie, ziehen die Kraft nach innen, bis Vertrauen und Gelassenheit uns verständlich werden.
3. Wir fühlen die nicht-endende Energie ununterbrochen in uns einströmen, und das Vertrauen darin wird zur Bewußtheit.

3. Übung

1. Wir imaginieren im Urzentrum eine Scheibe, die sich im Uhrzeigersinn dreht, bis wir die Energie fließen fühlen.
2. Wir lassen die Scheibe schwingen und pulsieren, bis wir fühlen, daß sich die Kundalini aus dieser Energie nährt und emporsteigt.
3. Wir fühlen den Energiefluß durch unseren Körper die Wirbelsäule emporfließen und durch uns Erde und Körper verbinden.

Wenn wir ganz sicher sind, daß wir in diese Welt hineingehören, eins sind mit Kosmos und Erde und beim Anklingen der Meditationsmelodie sich dieses Bewußtsein einstellt, können wir das nächste Chakra üben.

Die Füße
physische Nebenchakren

Betonung auf:	Bewegung
Stoff:	Lehm
Laut:	Mo
Urth-Planet:	Erde
Prinzip:	Inkarnation, bewußte Verbindung, Kraft schöpfen
Streben:	nach Integration in der Natur, der Wunsch des Heilseins, des Nutzens der verfügbaren Kräfte
Bedürfnis:	nach Manifestation, Verwurzelung, Häuslichkeit
Unterentwickeltes Bewußtsein:	Destruktion, Stupidität, begrenzter Geist
Entwickeltes Bewußtsein:	Konstruktion, Intuition, Kraft
Farbe:	hell, fast weiß, grünsilbrig
Pflanze:	– – –
Ton:	ais
Bewußtseinsform:	– – –
Kern:	Inkarnation als Pflanze oder vergleichbar
Kristall:	Jaspis, Jade
Drüse:	– – –
Fähigkeit:	Tat, Handeln
Aufgabe:	– – –
Schwingung:	– – –
Hüter des Strahls:	– – –
Strahl:	Erdverbundenheit
Biorhythmus:	28 Tage ab Geburt

Duft:	Erde, frisch geschnittenes Gras (Chlorophyll)
Kräuter:	Beinwell, Farn, Arnika
Baum:	Nadelhölzer
Frucht:	Erdbeere, Moosbeeren, Granbeeren, Hülsenfrüchte
Außenbereich:	blanke Erde

Kontemplationsvorschlag:

1. Was tun Füße?
2. Imagination von Wurzel der Verbindung, die die Füße mit Stoffen eingehen.
3. Imagination der Meridiane, die zum Urchakra führen.

Die beiden Füße saugen Feinstoffliches auf und leiten von oben Einströmendes ab. Das Chakra sitzt in der Mitte der Fußsohle, direkt im Mittelpunkt, es bewerkstelligt sozusagen den Energieausgleich. Seine primäre Farbe ist hell, fast weiß, bis grün-silbrig.

Mit den Füßen ist das Aufnehmen und Abgeben irdischer und spiritueller Kräfte verbunden. In den Füßen ist der gesamte Körper und somit auch alle Chakren widergespiegelt. Wir nehmen also über die Füße Energie auf und leiten auf uns zukommende Energien ab. Die Füße helfen uns beim „Erden", das wird besonders wichtig, wenn wir spirituelle Erlebnisse haben; dann wird das Bewußtsein der Füße uns immer im Kontakt mit dem „Hier und Jetzt" halten. Die Füße geben uns die Möglichkeit, von hier nach dort zu kommen, und sind die Grundlage unserer Beweglichkeit. Aus dem Chakra fließt die Energie spiralförmig zum Urchakra, von dem wiederum die Energien im ganzen Körper verteilt werden. Wir müssen unsere Füße gut kennenlernen, um ein Bewußtsein für sie zu entwickeln. Dazu dienen die folgenden 3 × 3 Schritte als Anregung:

1. Übung

1. Wir erleben bewußt die Aufgabe der Füße, beim Tanzen, Schreiten, wann immer wir die Erde berühren; wir fühlen das Aufsteigen der Energie.
2. Wir nehmen das Innere der Füße war, fühlen, wie sie bewegt werden, wie sie warm werden.
3. Wir fühlen, wie die Energien von außen nach innen und von innen nach außen spiralförmig fließen.

2. Übung

1. Wir erleben die Füße als Wurzeln, die z.B. in Wasser oder Erde eindringen und dort mit ihrer Umgebung eins werden.
2. Wir versuchen, die Energie, die aufsteigt, im Fuß so zu verteilen, daß die Energien den Fuß ganz ausfüllen.
3. Wir lassen die Energie so stark werden, daß sie über den physischen Fuß hinaus eine wirksame Wurzel in der Erde findet.

3. Übung

1. Wir stellen uns auf die Erde und imaginieren, daß von unseren Füßen aus tatsächlich Wurzeln in die Erde eindringen und uns fest verbinden.
2. Wir nehmen durch diese Wurzeln Energie auf, führen sie durch unseren Körper hindurch in das Urzentrum und weiter und senden über das Scheitelchakra eine Wurzel in den Kosmos.
3. Wir erleben bewußt den Austausch der Energie von Kosmos zur Erde und von Erde zu Kosmos und verinnerlichen

dieses Gefühl, so daß es uns bewußt wird, sobald die Meditationsmelodie anklingt. Dieses Bewußtsein halten wir fest und vereinigen es mit dem Bewußtsein des Urchakra.

Wenn wir ganz sicher sind, können wir uns an das nächste Chakra wagen.

Das Wurzelchakra oder Sexualzentrum:
physisches Chakra

Betonung auf:	Lust, Kreativität
Stoff:	Salz
Laut:	Hrim
Urth-Planet:	Mars
Prinzip:	Begierde, Wunsch zu handeln, physische Kraft, Antrieb, Initiative
Streben:	nach Selbstbehauptung, Aggression, Sexualität
Bedürfnis:	Wünsche durchsetzen, körperliche und sexuelle Erregung, kreative Ausdrucksform
Unterentwickeltes Bewußtsein:	Ungeduld, Willkür, Mißbrauch von Gewalt, Drohung, Panik, Illegalität, Fanatismus
Entwickeltes Bewußtsein:	Mut, Initiative, Willenskraft, begrenzte Ziele, Soldatentum
Farbe:	purpurrot
Pflanze:	Margerite, Gänseblümchen
Ton:	c
Bewußtseinsform:	verdichteter Körper bleibt zurück, wenn die Seele geht, Leidenschaft, weltliche Bedürfnisse
Kern:	physischer Leib
Kristall:	Granat, Karneol
Drüse:	Keimdrüsen, Geschlecht
Fähigkeit:	Menschlichkeit
Aufgabe:	rechte Aufmerksamkeit
Schwingung:	Intuition, Natürlichkeit,

	Ichbezogenheit, Evolution von außen
Hüter des Strahls:	Rama, Jupiter, Buddha
Strahl:	Magie
Biorhythmus:	28 Tage ab Geburt
Duft:	Enzian, Zimt
Kräuter:	Dill, Tausendgüldenkraut, Schafgarbe, Frauenmantel
Baum:	Sandel, Föhre, Pinie
Frucht:	Haselnuß, Litschi, Nüsse an sich, Wurzelgemüse
Außenbereich:	Wiese

Kontemplationsvorschlag:
1. Wie fühle ich Sexualität, was ist Sexualität?
2. Was ist Leben?
3. Nicht nur auf unsere Person bezogen, sondern auf den ganzen Kosmos.

Das Wurzelzentrum ist zwischen dem Anus und den Genitalien angelegt und beinhaltet die Geschlechtskraft, die Fortpflanzung, Kreativität und Leben. Die Energie dieses Chakras ist in unserer Zeit viel diskutiert. Sexualität wird häufig sehr einseitig gesehen. Es ist sehr wichtig, daß wir begreifen, wie sehr unser Leben von der Sexualkraft bestimmt wird. Jeder Mensch trägt in sich weibliche und männliche Energien, die im Ungleichgewicht sind. Im allgemeinen finden die überwiegenden Energien ihren Ausdruck im Geschlecht der Person, die dann ihrerseits einen Partner sucht, der das eigene Geschlecht ergänzt.
Es ist allerdings auch möglich, daß durch Meditationsübungen die Energien in einem Körper so ausgeglichen werden, daß der Mensch keinen Partner mehr braucht, um orgasti-

sche oder ekstatische Zustände zu erreichen. Dieses Wissen ist die eigentliche Grundlage für das Zölibat oder das Bhramacharia. Ein Mensch, der seine Sexualität unterdrückt, ist immer noch im Ungleichgewicht und kann seine sexuelle Energie nicht transformieren.

Ein unterentwickeltes Sexualchakra führt zu Gewalttätigkeit, Ungeduld, Triebhaftigkeit, Lebensverachtung, Lebensangst, Narzißmus und Besserwisserei. Ist das Sexualchakra lebendig und kräftig, so findet der Mensch Lebensfreude, Kreativität, Vitalität und gesunde Lust und Freude an seinem Leben.

Dies heißt nicht, daß das Üben des Sexualchakras zu einem zölibatären Leben führen soll; viel wichtiger ist es, daß wir uns zu unserer Sexualität bekennen, die Kräfte genau beobachten und z.B. mit Hilfe von bewußtem Atmen so beherrschen lernen, daß wir sie voll nutzen können. Wer einen Partner hat, kann sehr gut beobachten, welche Gefühle entstehen, wenn sexuelles Begehren deutlich wird. Nur sollten wir uns bewußt sein, daß dies unsere eigene Schwingung ist, die uns durch den Partner bewußt wird, niemals aber von ihm in uns hineingetragen wird.

Selbst im Geschlechtsakt bleibt jeder alleine und ist dafür verantwortlich, wie sehr er seine eigenen Gefühle zuläßt. Bei uns in Europa ist deshalb die Sexualität so mißverstanden worden, weil der Orgasmus einerseits vom Partner und andererseits von einer „Technik" (Pornographie) abhängig gemacht wird.

Ein Orgasmus gleicht dem Vorgang des Sterbens und somit auch der Wiedergeburt. Weil für uns das Sterben etwas Schlimmes ist, fällt es uns schwer, unsere Sexualität zuzulassen. Das kann nur geübt werden, und je länger die Kette der Erfahrungen mit einem Partner wird, um so mehr wagen wir es, uns kennenzulernen. Wechseln wir den Partner, beginnt die Kette von vorne. Das Wissen um diesen Umstand ist die Basis für die sogenannte „eheliche" Treue.

In dem Maße, in dem wir unsere Sexualität zulassen, entsteht eine Energiequelle, die keineswegs ausschließlich den Geschlechtsakt betrifft. Vielmehr wird sie uns hier nur bewußt. Aus dieser Quelle schöpfen wir die Kraft für alle Lebensregungen.

Es ist verständlich, daß die Energie dieses Chakras eine purpurrote Farbe hat wie unser Blut. Wenn wir gelernt haben, unser Wurzelchakra zu aktivieren, so wirkt sich die Energie auf unsere Kreativität, auf unsere Initiativen und unser zielgerichtetes Handeln aus. Aus diesem Chakra wird die Kraft unserer körperlichen und geistigen Fortpflanzung genährt, und es wird uns auch die Energie geben, unseren Körper einmal bewußt zu verlassen.

Das Wurzelchakra folgt im Energiekreislauf nach dem Urchakra und dem Fußchakra. Mit dem Hara bilden Wurzel- und Urchakra ein Dreieck, wobei die Energien der Füße das Urchakra zusätzlich speisen. Diese drei Chakren machen uns das körperliche Sein bewußt, und bevor wir diese Kräfte transformieren können, müssen wir uns unserer Begierden und Triebhaftigkeiten bewußt werden und sie als Teil von uns akzeptieren. Das Wurzelchakra ist eine Erdkraft. Wenn wir unsere Wurzeln fest in die Erde hineintreiben, immer weiter, so wird es im Mittelpunkt heiß und feurig, dann müssen wir unseren Körper entsprechend bewegen, ganz „tierisch sexuell".

Das Sexualzentrum ist auch ein Vertrauenszentrum, es gibt Gelassenheit (Gelassen zu verstehen als Los-Lassen und somit nicht in emotionaler Berührung sein), aber auch Vitalität. Wenn nun von den Füßen über das Urkraftzentrum der Strahl gelenkt werden soll, so müssen diese bereits verbunden sein. Grundsätzlich wird Kraft von den Füßen über das

Urkraftzentrum zum Sexualchakra geführt. Während der Lichtstrom durch die Organe nach unten drängt (spiralförmig), fließt ebenfalls der Kraftstrom spiralförmig aus der Erde durch die Füße hindurch zum Licht, vereinigt verlassen die Energien den Leib, nach oben fließend, entlang der Kundalini und über die Chakren, vorne und hinten, die sich ihrerseits sowohl von außen als auch von innen im Scheitel vereinigen, durch welche die vorbeifließenden Ströme sich in Bewegung halten und sich nach außen fließend über den ganzen Körper ausbreiten und die feinstoffliche Energie der körperlichen hinzufügen. Die körperliche Energie bleibt in einem langsamen Fluß, der seine Schwingung erhöht, während die feinstoffliche Energie ständig hindurchfließt und eine etwas höhere Geschwindigkeit hat. Erhöht sich die körperliche Energie und gleicht sich der feinstofflichen an, so entsteht eine Vibration, die die Möglichkeit ankündigt, die Energie zu transformieren.

1. Übung

1. Um sich auf diese Meditationsübung vorzubereiten, muß zuerst das gesamte Spektrum des Chakras anerkannt werden. Deswegen ist es wichtig, uns unserer sexuellen Begierden bewußt zu werden. Welche Vorstellung löst das Begehren aus?

2. Wir zeigen uns selbst, indem wir uns streicheln, wie sich das Sexualchakra öffnet und Energie sich in unserem Körper ausbreitet.

3. Beide Erfahrungen werden nun zu einem Bewußtseinszustand der sexuellen Lust, die ihrerseits unseren Körper sich lebendig fühlen läßt.

2. Übung

1. Wir beobachten nun die sich ausbreitende Vitalität in uns, während wir uns die Wirkung des Wurzelchakras bewußt machen.

2. Wir machen uns bewußt, daß wir uns seit unserer Geburt ständig erneuern. Jede Zelle wird permanent durch eine neue ersetzt. Wir machen uns diesen Vorgang bewußt und halten ihn in ständiger Erinnerung.

3. Wir verbinden das Bewußtsein der Vitalität in und um uns herum und entwickeln ein Bewußtsein für Leben, das in uns zu einer Empfindung wird.

3. Übung

1. Wir wecken wie im ersten Schritt unser Sexualbewußtsein und verbinden es mit dem Bewußtsein aus dem zweiten Schritt, sodann lassen wir die Scheibe des Chakras in Drehung geraten und fühlen, wie sich die Energie in uns ausbreitet.

2. Wir machen uns den Zustand des aktiven Urchakras bewußt und lassen es sich großräumig öffnen und das Sexualchakra berühren. Miteinander beginnen sie sich im Uhrzeigersinn zu drehen.

3. Licht und Ton helfen, das Sexualchakra einzustimmen, und wir üben dieses Gefühl so lange, bis sich beim Abklingen der Melodie das Bewußtsein einstellt.

Wenn wir uns sicher fühlen, beginnen wir mit dem Studium des nächsten Chakras.

Das Hara
physisches Chakra

Betonung auf:	Wille
Stoff:	Feuer
Laut:	Rah
Urth-Planet:	Jupiter
Prinzip:	Ausdehnung, Erweiterung, Gnade, Tugend
Streben:	nach einer größeren Ordnung oder danach, sich mit etwas Größerem zu verbinden, Macht
Bedürfnis:	nach Glaube, Hoffnung, Dogmen, Gesetze, Vertrauen zum Leben, sich zu vervollkommnen
Unterentwickeltes Bewußtsein:	blindes Vertrauen, Faulheit, Zersplitterung der Kräfte, die Arbeit anderen überlassen, Verantwortungslosigkeit, großspuriges Gehabe, Macht- und Besitzgier, schwarze Magie, Leistungsdenken, Sicherheitsdenken
Entwickeltes Bewußtsein:	Glaube, Vertrauen auf eine höhere Macht oder einen größeren Plan, Empfänglichkeit für Gnade, Optimismus, Anerkennung der Notwendigkeit, sich selbst zu vervollkommnen, Heilkraft, Machtverzicht, Güte
Farbe:	hellrot

Pflanze:	Distel
Ton:	d
Bewußtseinsform:	Ätherkörper, entscheidendes Chakra einerseits, ob jemand mit seinen Kräften im physischen Körper verbleibt oder mit ihm stirbt oder, ob jemand aufschwingt und mit seinem Solarplexus unterstützt, nur teilweise sterblich ist. Mit den Essenzen des Lebens kann teilweise Wissen in ein weiteres Leben mitgenommen werden.
Kern:	Bewußtsein, das entscheiden kann, wie jemand Macht nutzt, Hang zum Übermenschen
Kristall:	Rubin, Smaragd, Türkis
Drüse:	Darmzoten, Lymphdrüsen
Fähigkeit:	Schicklichkeit, Anstand
Aufgabe:	rechte Anstrengung
Schwingung:	Beschwörung, Magie mit Ritual
Hüter des Strahls:	St. Germain, Racozzi (dienen)
Strahl:	Idealismus, Hingabe
Biorhythmus:	28 Tage ab Geburt
Duft:	Jasmin, Maiglöckchen
Kräuter:	Schafgarbe, Frauenmantel, Bitterkräuter, Mönchspfeffer, Primeln
Baum:	Eiche
Frucht:	Zwiebel, Knoblauch, Buschbeeren, Wurzelgemüse, Bärlauch
Außenbereich:	Quelle

Kontemplationsvorschlag:
1. Zusammentragen, wann, wie und warum wir unseren Willen entwickeln.
2. Wie wir mit dem Willen anderer umgehen.
3. Macht, der wir begegnen und Macht, die wir ausüben.

Ein helles Rot ist die primäre feinstoffliche Farbe des Haras. Es ist der dritte Teil des Dreiecks Ur-, Wurzelchakra und Hara. Es ist das, was von unten nach oben sich transformiert. Es ist also eine Kraft, die auch negativ genutzt werden kann. Sie ist die Voraussetzung für magische Kräfte, aber auch für die Kräfte aller anderen Chakren, sozusagen das Gegenüber der Urkraft. Was an Urkraft dem Körper zufließt, ist rein und ohne irgendeine Qualität. Was dann den Chakren zufließt, wird durch die Bewußtheit qualitativ.

Das Hara ist, wenn es hochentwickelt ist, eine ungetrübte Vitalkraft innerer Stärke, nach außen vermittelt es Ruhe und Gelassenheit, Wohlleben, Magie, Heilkraft, Triebe, Sexualität als beherrschende Lebensenergie und Hingabe, Vertrauen in das Eingebettetsein in die göttliche Natur. Sexualität ist die Chakrakraft, die das Hara speist und magisch werden läßt.

Das Hara bestimmt, ob wir die Freiheit oder Abhängigkeit, Verfügbarkeit im sichtbaren oder unsichtbaren Erleben, sexuelles oder göttliches, körperliches Bewußtsein oder tierisches Erleben erfahren. Umgekehrt kann es ein animalischer Trieb, animalischer Machthunger, materielle Verhaftung, Haß, Wut, schwarze Magie, Zerstörung, Destruktion, Angst, Enttäuschung, Stolz, Neid sein.

Hara hat mit den Nebennieren zu tun, mit der Regelung des Blutdrucks und der Lebenszyklen. Ebenfalls betroffen sind hier das Lymphsystem sowie die Ausschüttungen der Hirnanhangdrüse.

Durch die Kraft des Hara entsteht der Wille, daher auch die

Formulierung: „Ich weiß aus dem Bauch heraus, daß ich dies oder jenes will."
Unsere Willensbildung ist häufig eine unsichere Sache. Wir wägen ab und kommen schließlich zu Entscheidungen, die wir nicht ganz wollen. Ist das Hara entwickelt, haben wir die Kraft und die Klarheit zu wissen, was wir wollen.

1. Übung

Bevor wir dieses Chakra üben, sollten wir einige Tage beobachten, wann wir Willen und Macht begegnen, sowohl bei uns selbst als auch bei anderen.
1. Wir legen eine Hand daumenbreit unter den Nabel, lassen Urchakra und Wurzelchakra schwingen und bemühen uns, dieselben Energien unter unserer Hand wiederzufinden.
2. Wir setzen die Energie im Hara in Bewegung und beobachten die Gefühle, die dabei entstehen.
3. Wir imaginieren die Situation, in der wir etwas ganz stark wollen und verbinden das mit dem im 2. Schritt erarbeiteten Gefühl.

2. Übung

1. Wir wollen den Willen einer anderen Wesenheit erfühlen. Deshalb begegnen wir einer Pflanze oder einem Tier und beobachten, wie im Hara neue Gefühle bewußt werden.
2. Wir provozieren dieselbe Schwingung, die wir im 1. Schritt erfahren haben, und senden sie nach außen.
3. Wir üben ein Wechselspiel: innen-außen-außen-innen.

3. Übung

1. Wir setzen das Hara in Bewegung und fühlen, wie sich die Scheibe immer weiter und dichter gestaltet und die Energie spiralförmig in Bewegung gerät.
2. Wir bringen Hara, Wurzel- und Urchakra miteinander in Schwingung, singen den Laut und beobachten.
3. Wir bringen Hara, Ur- und Wurzelchakra miteinander in Schwingung und singen dabei den Laut, so daß er in dem Dreieck seine Vibration wiederfindet.

Wenn wir uns des Bewußtseins des Haras ganz sicher sind, wenden wir uns dem Solarplexus zu.

Solarplexus

mentales Chakra

Betonung auf:	Ichbewußtsein
Stoff:	Erde
Laut:	Gam
Urth-Planet:	Saturn
Prinzip:	Kontraktion, Anstrengung
Streben:	die eigene Struktur und Integrität zu verteidigen, Sicherheit durch sichtbare Erfolge
Bedürfnis:	nach sozialer Anerkennung, sich auf die eigenen Fähigkeiten, Entscheidungen und Arbeiten zu verlassen
Unterentwickeltes Bewußtsein:	sich selbst einschränken, indem er sich zu sehr auf sich selbst verläßt und zu wenig auf andere, Rigidität, Kälte, Verteidigungshaltung, lähmende Hemmung, Ängstlichkeiten, Negativität, sucht Sicherheit im Materiellen, klammert sich an Besitz
Entwickeltes Bewußtsein:	disziplinierte Anstrengung, Annahme von Pflichten und Verantwortung, Geduld, Organisation, Verläßlichkeit, mag Wohlstand, ist aber nicht davon abhängig
Farbe:	goldgelb
Pflanze:	Sonnenblume, Gemswurz
Ton:	dis

Bewußtseinsform:	Astralkörper, entscheidendes Chakra, ist nur teilweise sterblich, weil die Essenzen mitgenommen werden können in ein weiteres Leben
Kern:	feinstofflich, Astralleib
Kristall:	Citrin, Diamant, Topas
Drüse:	Magen, Bauchspeicheldrüse
Fähigkeit:	Hingabe
Aufgabe:	rechte Handlung
Schwingung:	Mysterium, Idealismus
Hüter des Strahls:	Jesus (Segnung)
Strahl:	Wissenschaft, stark aktiviertes Gleichgewicht
Biorythmus:	23 Tage ab Geburt
Duft:	Sandel, Holunder
Kräuter:	Tausendgüldenkraut, Liebstöckel, Johanniskraut, Bitterkräuter
Baum:	Lebensbaum (Buchsbaum, Feige, Esche)
Frucht:	Pfirsich, Hülsenfrüchte
Außenbereich:	See

Kontemplationsvorschlag:
1. Wann öffne ich mich, wann schließe ich mich?
2. Wie ist es, wenn andere auf mich zugehen, oder wie ist es, wenn andere verschlossen sind und ich keinen Zugang finde?
3. Funktion des Solarplexus beim Aufnehmen und Geben von Energien.

Der Solarplexus, das Sonnengeflecht, dessen primäre feinstoffliche Farbe goldgelb bis hellsilbrig ist, liegt zwischen dem Brustwirbel und dem achten Lendenwirbel. Hier findet die

Umwandlung der materiell-grobstofflichen und triebhaften Energien in feinstoffliche und seelisch-geistig-intellektuelle Schwingungen statt.

Der Solarplexus ist zuständig sowohl für die körperliche als auch die seelische Verarbeitung. Wenn alle Eindrücke, die auf einen Menschen einströmen, bearbeitet werden müssen, ist die Energie des Solarplexus wichtig. Er ist sozusagen die Pforte, durch die alles hereinkommt und alles hinausgeht. Wenn ein Mensch sich verschlossen hat, hat er eine Verhärtung im Solarplexus; wenn er sich öffnet, begegnet er der Welt vertrauensvoll. Der Solarplexus ist in permanenter Bewegung, die eine Verbindung schafft zwischen Äußerem und Innerem, zwischen Herz und Trieben, zwischen Urkräften und verfeinerten Kräften. Die innere Harmonie des Körpers wird durch dieses Chakra gesteuert, d.h., es hat einen besonderen Stellenwert beim Aufnehmen und bei der Verwertung von Nahrung und beim Abgeben der nicht verwertbaren Stoffe sowie beim Aufnehmen und Abgeben von Energien und dem Durchfluß von nicht genutzten Energien. Somit steuert dieses Chakra die meisten Lebensfunktionen. Wenn eine Seele vorübergehend aus dem Körper austritt, so bleibt sie durch ein Band mit dem Solarplexus verbunden. Dieses Band löst sich auf, wenn die Seele den Körper endgültig verläßt. Hier tritt die Seele aus und ein. Deshalb ist dies auch die verletzlichste Stelle des Körpers und darum das Zentrum des Vertrauens. Eine Störung des Solarplexus führt zu seelischen und körperlichen Störungen, die sich auf Magen, Galle, Leber, Niere, Blase, Milz, die obersten Eingeweide auswirken. Erkrankungen dieser Art lassen darauf schließen, daß der Mensch die Verbindung zwischen innen und außen gestört hat; die Ursache läßt sich durch Öffnen des Chakras herausfinden und beseitigen. Auch dieses Chakra ist wie eine Energiescheibe, dreht sich wie eine Spirale.

Ein geöffneter Solarplexus führt zu Harmonie, Frieden und Ruhe. Wenn das Chakra geschlossen ist, entstehen Hektik, Disharmonie, Unruhe, Kraftlosigkeit und Ängste.

Der Solarplexus ist der Mittelpunkt der Einheit Körper-Geist-Seele und hat deshalb die wichtige Funktion der Vereinigung. Deshalb muß das Integrieren in das All-eins geübt werden.

1. Übung

1. Wir legen während des Atmens, ein Daumen breit unterhalb der untersten Spitze des Brustbeines die Handfläche ca. 1 cm über den Körper und spüren die Wärme der Hand über der Haut. Hier entsteht eine bestimmte Schwingung, die von der Hand ertastet wird.
2. Wir versuchen, die psychische Ausstrahlung eines anderen Wesens (Freund, Tier, Pflanze) wahrzunehmen.
3. Wir setzen nun mit Hilfe dieser Erfahrung den Solarplexus in Bewegung und fühlen, wie die Energie von innen nach außen und umgekehrt fließt.

2. Übung

1. Wir werden uns klar darüber, wie die Energie des Solarplexus auf den Körper wirkt und wie sie sich ausbreitet.
2. Wir ziehen die Energie in den Körper zurück und lassen sie sich immer wieder ausbreiten.
3. Wir lassen die Energie im Körper mit der Atmung pulsieren und ihr Volumen so verändern, daß der Solarplexus sich bei maximaler Ausbreitung außerhalb des Körpers befindet. Dann ziehen wir die Energie wieder auf einen Punkt zusammen.

3. Übung

1. Wir verbinden Ur-, Wurzelchakra und Hara und lassen ihre Energie in den Solarplexus fließen.
2. Wir lassen die Energie des Solarplexus und der bereits geöffneten Chakren gemeinsam pulsieren und singen dabei den Laut.
3. Wir prägen uns das daraus resultierende „Ichbewußtsein" so ein, daß beim Anklingen der Melodie sich das Gefühl unvermittelt einstellt.

Wenn wir uns sicher fühlen, beginnen wir mit den Übungen für das Herzchakra.

Das Herzchakra
mentales Chakra

Betonung auf:	Vitalität
Stoff:	Wasser
Laut:	Hum
Urth-Planet:	Uranus
Prinzip:	individuelle Freiheit, Freiheit des Egos, Anerkennung der Freiheit des anderen, Unabhängigkeit
Streben:	nach Differenzierung, Originalität und Unabhängigkeit von Qualifizierung
Bedürfnis:	nach Veränderung, Aufregung, ungehemmten Ausdruck, Vertrauen und Eingebundensein in das All-eins
Unterentwickeltes Bewußtsein:	Willkür, rastlose Ungeduld, beständiges Bedürfnis nach Anregung, Aufregung und Veränderung um ihrer selbst willen
Entwickeltes Bewußtsein:	Wahrheitssuche, Originalität, Erfindungsgabe, zielgerichtetes Experimentieren, Achtung der Freiheit
Farbe:	grün, türkis, smaragd
Pflanze:	Tulpe, Schneeglöckchen, Glockenblume
Ton:	e
Bewußtseinsform:	Gefühle, Mentalkörper, bedingt sterblich, die Energie prägt die

	Seele und wirkt auf ihre Reife
Kern:	körperlose Form, Eidos, Lichtkörper
Kristall:	Smaragd, Saphir, Jade
Drüse:	Thymusdrüse
Fähigkeit:	Weisheit
Aufgabe:	rechte Tat
Schwingung:	Denkfähigkeit, Wissenschaft, Wissen
Hüter des Strahls:	Mertho (Gewissensprüfung, Bejahung)
Strahl:	Schönheit, Kunst, Unität
Biorhythmus:	23 Tage ab Geburt
Duft:	Thymian, Bohnenkraut, Lavendel
Kräuter:	Herzgespann, Fingerhut, Männertreu
Baum:	Magnolie, Birke
Frucht:	Kirsche, Distelgemüse, Kürbisgemüse
Außenbereich:	Wolken

Kontemplationsvorschlag:

1. Was tut das Herz für mich?
2. Wie hilft mir das Herzchakra, andere Wesenheiten zu verstehen?
3. Wie gerate ich mit meinem Herzen in Einklang mit dem All-eins?

Die primäre Farbe des Herzchakras ist grün-türkis. Dies ist eine wichtige Farbe, die Farbe der Vitalität des Clorophylls. Wenn die Aura im Randbereich grün ist, zeigt dies eine unpersönliche Liebe an. Man erkennt die Liebe vor allem an einer grünen Flamme über dem Scheitelchakra. Das ist die

Quelle der ichlosen Zuwendung an alle Lebewesen oder Wesenheiten.

Vor allem ist wichtig zu wissen, daß das Herzchakra aus den animalischen Kräften des Hara nun eine Liebeskraft und eine spirituelle Kraft entwickelt; d.h., es setzt diese Kräfte um. Herz und Hara liegen einander gegenüber, sie spielen miteinander und bilden eine Einheit. Das Herzchakra nährt sich aus dem Hara; ist das Hara entwickelt, so wird das Herzchakra fähig zu transformieren.

Es liegt zwischen dem vierten und fünften Brustwirbel, eine Lage, die natürlich vor allem auch das Leben, also die Lunge, das Herz, den Kreislauf, die gesamte Vitalität betrifft.

Ist das Herzchakra geöffnet, strahlen wir Liebe, Seelenwärme, herzliche Liebe, Mit-den-anderen-Sein und unpersönliche Liebe aus. Das unterentwickelte Chakra zeigt sich in Seelenkälte, Teilnahmslosigkeit, Härte und vor allem auch Schuld- und Sühnedenken sowie einer gewissen Unbeweglichkeit.

Das Herzzentrum ist mit der Thymusdrüse verbunden, die verantwortlich ist für Gewebewachstum, den Kreislauf, pubertäre Veränderungen, das zentrale Immunsystem (Immunkrankheiten und Krebs), das Lymphsystem.

Für dieses Chakra ist es wichtig, die Kreisläufe zu erkennen, mit denen das menschliche Leben verbunden ist: den Nahrungskreislauf im Körper, in der Natur, in der Energiewelt, und den Zusammenhängen im Kosmos. Außerdem ist es für das Herz wichtig, zuvor durch Tasten und Fühlen zu erkennen, wie die Energieströme arbeiten, also auch die unterschiedlichen Klimabedingungen in den einzelnen Materialien zu erkennen und einzuordnen, z.B. bei Steinen, Pflanzen, Lebewesen, Wasser, Luft, Erde etc. Nur wer in der Lage ist, die Schwingungen zu erkennen und zu fühlen, ist fähig, die feinen Energieströme zu erkennen, die das Herzchakra betreffen. Auch die Verbundenheit zwischen innen und außen muß intensiviert werden, also das Erfühlen der Liebe, der Erde, der Pflanzen, Tiere, der anderen Menschen, der Planeten und Gott.

Herz, Lunge und Blutkreislauf sind das Abbild des Kosmos. Das Herzchakra hat viel damit zu tun, daß man Verständnis entwickelt, also die Ebene des anderen erreicht. An Unsicherheiten in bezug auf andere Menschen erkennt man sehr leicht, daß das Herzchakra noch nicht voll ausgebildet ist.

1. Übung

1. Wir machen uns bewußt, wie unsere Liebe durch jemanden oder etwas ausgelöst wird.
2. Dadurch, daß wir uns selbst fühlen, lassen wir diese Liebe in uns aufkeimen.
3. Wir machen bei dem Gedanken an die Liebe uns diese Gefühle bewußt.

2. Übung

1. Wir erkennen durch geruhsames Betrachten einer schwingungsähnlichen Brücke mit Unterstützung der Atmung das Entstehen von Leben als Ausdruck der Liebe.
2. Wir lassen diese Energie sich mit der Atmung ausweiten.
3. Wir lassen sie gemeinsam mit dem Solarplexus pulsieren.

3. Übung

1. Wir empfangen Energien, z.B. beim Betrachten von Pflanzen, Steinen und Kristallen, die Vitalität ausstrahlen.
2. Wir beobachten über den Tag hinweg, ob wir das Herzchakra offenhalten können und diesem Gefühl immer wieder begegnen, und wecken in der Meditation dieses Bewußtsein durch Intonieren des Lautes.
3. Sobald wir die Meditationsmelodie erkennen, rufen wir das Pulsieren mit allen bisher geöffneten Chakren hervor.

Wenn wir uns darin ganz sicher fühlen, beginnen wir mit den Übungen der Handchakren.

Die Hände
physische Nebenchakren

Betonung auf:	Handeln
Stoff:	Chlorophyll
Laut:	Ja
Urth-Planet:	Mond
Prinzip:	Reaktion, unbewußte Neigung, Gefühl von sich selbst (Selbstbild), konditionierte Reaktion
Streben:	nach innerem Halt, häusliches und emotionales Sicherheitsstreben
Bedürfnis:	nach emotionaler Ruhe und einem Gefühl des Dazugehörens, Wunsch, sich mit sich selbst in Einklang zu fühlen, nach Geben und Empfangen, Heilen
Unterentwickeltes Bewußtsein:	Überempfindlichkeit, Unsicherheit, ungenaue, verdrängte Selbstwahrnehmungen
Entwickeltes Bewußtsein:	Empfänglichkeit, innere Ausgeglichenheit, fließendes, anpassungsfähiges Selbstgefühl
Farbe:	hell, fast weiß, silbern, rein
Pflanze:	Calendula, Kamille
Ton:	b
Bewußtseinsform:	———
Kern:	Inkarnation als Tier oder vergleichbar
Kristall:	Crysolith, Achat

Drüse:	---
Fähigkeit:	Handeln, Heilen
Aufgabe:	---
Schwingung:	---
Hüter des Strahls:	---
Strahl:	Lebensstrahl der Aktivität
Biorhythmus:	28 Tage ab Geburt
Duft:	Kardamon
Kräuter:	Ringelblume, Kamille
Baum:	Weide
Frucht:	Kartoffel, Knollengewächse, Johannisbrot, Karotte
Außenbereich:	Bäume

Kontemplationsvorschlag:
1. Wie arbeiten meine Hände? Wie sind meine Hände?
2. Was können meine Hände tun?
3. Was geschieht durch meine Hände?

Die Handchakren liegen in der tiefsten Stelle des Handtellers. Wenn die Hände entspannt sind, saugen sie Feinstoffliches auf und leiten aus den Chakren gelenkte Energien ab (z.B. bei der Massage, Heilen).

Die Hände sind unser Werkzeug, um Handlungen zu vollziehen. Wird die Urkraft, die durch Hara und Herz transformiert wurde, durch die Hände abgestrahlt, so nennen wir das Segnen.

Die Farbe dieser Energie ist hell, rein, silber-weiß und weist einen Schimmer des Chakras auf, das sich an der Energie beteiligt hat, die die Hände verläßt.

Die Hände geben allem, was wir tun, Ausdruck. Sie unterstützen uns im Kontakt mit unserer Umwelt und künden von unserem seelischen Zustand. Wenn wir sie gut beobachten, sagen sie uns viel über uns selbst und andere. Deshalb sollten wir tasten, fühlen und Energie aufnehmen gründlich üben. Bevor wir mit den Meditationsübungen beginnen, sollten wir über den Tag hinweg unsere Hände aufmerksam beobachten.

1. Übung

1. Wir bewegen unsere Hände, bis uns ihre Existenz ganz bewußt ist. In diesem Fall steuert die Atmung die Bewegung der Hand.
2. Wir fühlen die Hände in Ruhestellung.
3. Wir lassen das Chakra bewußt warm werden und prägen uns diese Wahrnehmung gut ein.

2. Übung

1. Wir lassen die Hände Kontakt mit der Umwelt aufnehmen und fühlen die Schwingung des Partners, eines Tieres, einer Pflanze, des Tisches etc., und prägen uns diese Wahrnehmung ein. Während der Meditationsübung legen wir die Handflächen nach oben und fühlen die einströmende Energie.
2. Wir fühlen die Energie vom Urzentrum aufsteigen und führen sie in die Hände, wobei die Energie in den Armen spiralförmig kreist.
3. Wir wiederholen die Übung des 2. Schrittes und lassen die Energie im Rhythmus der Atmung pulsieren.

3. Übung

1. Wir intonieren den Laut und lassen ihn in uns so lange schwingen, bis das Chakra zu kreisen beginnt.

2. Wir verbinden, während wir den Laut singen, alle Chakren und lassen die Energien im Atemrhythmus pulsieren. Der Körper oder Gegenstand unter unserer Hand wird warm.

3. Wir lassen die Energie der Hände solange bewußt kreisen und auf- und absinken, bis das Aus- und Einströmen mit der Atmung einhergeht und wir so geübt sind, daß sich beim Erklingen der Melodie der Meditationsmusik das Gefühl wieder einstellt.

Wenn wir sicher sind, beginnen wir mit den Übungen des Kehlkopfchakras.

Das Kehlkopfchakra
mentales Chakra

Betonung auf:	Sprechen, Singen
Stoff:	Holz
Laut:	Haim
Urth-Planet:	Neptun
Prinzip:	transzendente Freiheit, Nach-Außen-Weisen
Streben:	den eigenen Begrenzungen und denen der äußeren Welt zu entkommen, nach Kommunikation auf allen Ebenen
Bedürfnis:	nach Einheit mit dem Leben, Aufgehen im Ganzen zu erfahren, kosmische Beziehungen, Anteil am göttlichen Netzwerk
Unterentwickeltes Bewußtsein:	selbstzerstörerische Fluchttendenzen, vor Verantwortlichkeiten und den eigenen tiefsten Notwendigkeiten ausweichen, Weigerung, sich seiner Motive bewußt zu werden und sich auf irgend etwas einzulassen
Entwickeltes Bewußtsein:	Suche nach Ganzheit, Erkenntnis der spirituellen Dimensionen der Erfahrung, allumfassendes Mitgefühl, nach einem Ideal leben
Farbe:	hellblau bis aquamarinblau
Pflanze:	Iris, Veilchen, Schusternagel
Ton:	f

Bewußtseinsform:	Seelenleben, Kausalkörper, Ursache, Wille, nahezu unsterblich, Erfahrungen prägen die Seele
Kern:	Verbindung, Kommunikation, Äußerung und Ausdrucksform
Kristall:	Bergkristall, Bernstein, Aquamarin, bläuliche Quarze
Drüse:	Schilddrüse und Nebenschilddrüse
Fähigkeit:	Treue
Aufgabe:	rechte Rede
Schwingung:	Widerhall, Kunst
Hüter des Strahls:	Hilarion (Durchlässigkeit)
Strahl:	Aktivität, Anpassung
Biorhythmus:	23 Tage ab Geburt
Duft:	Hyazinthe, Flieder
Kräuter:	Pfefferminz, Eukalyptus, Zitronenmelisse, Fenchel
Baum:	Buche, Latschenkiefer
Frucht:	Süßkartoffel, Nachtschattengewächse
Außenbereich:	Hügel

Kontemplationsvorschlag:
1. Was machen Sprache, Töne, Laute mit mir?
2. Was mache ich mit Sprache, Tönen, Lauten?
3. Was ist Sprache, sind Töne, Laute?

Das Kehlkopfzentrum oder Halschakra liegt zwischen Hals und Brustwirbel, aber natürlich vorne. Es ist die Verbindung der vitalen und emotionalen, körperlichen, materiellen und seelischen Zentren, und zwar zum Geistigen hin. Die Farbe ist hellblau bis aquamarinblau; diese Farbe symbolisiert gleichzeitig die Atmung und die Sprache, denn sie steht für

den Fluß zwischen innen und außen. Die Energie des Hals-
chakras ist spiralförmig. Es dient gleichzeitig zur Verteilung
der kosmischen Energie. Die Entwicklung dieses Chakras ist
besonders wichtig, damit wir uns unserer Umwelt gegenüber
klar und deutlich äußern können. Seine Bedeutung wird oft
unterschätzt, weil seine Steuerfunktion verkannt wird. Diese
wichtige enge Stelle kehrt wie ein Katalysator das Innere
nach außen.

Das Kehlkopfzentrum bedient die Schilddrüse und die Ne-
benschilddrüse, ist körperlich zuständig für das Wachstum,
den Stoffwechsel, für das Skelett, für körperliche Prozesse
und die Beschleunigung von Heilungsprozessen sowie die
psychische Hygiene, wenn wir uns zu etwas bekennen.

Das Kehlkopfzentrum unterstützt die Öffnung für die indivi-
duelle Verwirklichung, Vollkommenheit, schöpferische
Sprache, Kreativität im weitesten Sinne; das geschlossene
Chakra zeigt sich in Starre, in der Unfähigkeit, über bestimmte Grenzen zu gehen, im mangelnden Kontakt zu anderen,
weil die eigenen Bilder den anderen nicht so erreichen können, wie es gewünscht wird. Einsamkeit ist die Folge.

Das Kehlkopfzentrum ist dafür verantwortlich, daß die Erkenntnisse der anderen Chakren zur Hypophyse gelangen
und dort richtig erkannt und eingeschätzt werden. Ist es blok-
kiert, ist es dem Oberbewußtsein unmöglich, Gefühle und
Energien zu erkennen und einzuordnen.

Um diese Meditationsübung intensiv zu betreiben, müssen
wir das Singen, die Schwingung der Töne in uns so lenken,
daß wir die Chakren damit beeinflussen.

1. Übung

1. Wir üben das Kehlkopfchakra, indem wir mit der Hand
während des Singens des Lautes den Kehlkopf berühren

und die nach außen dringende Schwingung beobachten.
2. Wir öffnen uns bis zum Wurzelchakra und lassen den Ton wie in einem hohlen Körper resonieren.
3. Wir bemühen uns, diese Schwingung zu erhalten, auch wenn der Ton nicht zu hören ist.

2. Übung

1. Wir nehmen den Ton der Meditationsmelodie auf und lassen uns von demselben Rhythmus der Melodie stärker und schwächer beeinflussen.
2. Die Melodie schwingt in uns fort, ohne daß ein Laut zu hören ist.
3. Wir beginnen, den Ton in uns schwingen zu lassen und geben unsere eigene Melodie zu der Melodie der Meditationsübung hinzu.

3. Übung

1. Wir verbinden das Kehlkopfchakra mit dem Herzchakra und geben den verschiedenen Gefühlen des Herzchakras Ausdruck; auf dieselbe Weise verfahren wir mit allen anderen Chakren.
2. Wir wiederholen diesen Vorgang, ohne Laute und Töne zu verwenden, erhalten aber wohl die Schwingung.
3. Die gesamte Schwingung aller geöffneten Chakren pulsiert über unser Halschakra und bestimmt mit den eigenen Tönen und Lauten die Schwingung. Das dabei entstehende Bewußtsein muß so in uns einsinken, daß es beim Erkennen der Meditationsmelodie sofort anklingt.

Wenn wir uns sicher sind, wenden wir uns der Hypophyse zu.

Die Hypophyse
spirituelles Nebenchakra

Betonung auf:	*Verbindung*
Stoff:	Luft
Laut:	Glenn
Urth-Planet:	„Venus" (zur Zeit von Urth gab es einen Planeten zwischen Uranus und Neptun, der sich inzwischen aufgelöst hat, und wenig später wurde noch im Rahmen der kosmischen Erschütterungen die Venus von der Sonne angezogen und kam zur heutigen Umlaufbahn. Es ist nicht ganz klar, ob sie von der Schwingung her die Stelle des zerstörten Planeten übernommen hat; darum ist diese Aussage eine Vermutung)
Prinzip:	emotionalgefärbte Neigungen, Werte, Austausch von Energie mit anderen, indem man sich selbst gibt und von anderen empfängt, Anteilnahme
Streben:	nach Gemeinschaft und Liebe, Freude, Schönheit und Ästhetik
Bedürfnis:	nach Schönheit, sich anderen nahe zu fühlen, Behaglichkeit und Harmonie, Gefühle zu offenbaren und zu teilen

Unterentwickeltes	
Bewußtsein:	Selbstgefälligkeit, Gier, emotionale Forderungen, Verdrängung von Liebesgefühlen
Entwickeltes	
Bewußtsein:	Liebe, Geben und Nehmen im Verhältnis mit anderen, Teilnahme, Großzügigkeit des Geistes
Farbe:	gold, gelebtes Rot oder Blau, evtl. gold-blau, liegt dazwischen
Pflanze:	Lilie, Distel, Stiefmütterchen
Ton:	fis
Bewußtseinsform:	unsterblich, denn sie sind direkt die Seele beeinflussend, „Seelenlicht"
Kern:	physischer Leib und den anderen Leibern zugeordnet, ist Werkzeug, das die diversen Chakren beeinflußt
Kristall:	Aquamarin, Saphir, Mondstein, Perle, weiße Kristalle
Drüse:	endokrine Drüsen
Fähigkeit:	Durchlässigkeit
Aufgabe:	rechte Gesinnung
Schwingung:	---
Hüter des Strahls:	---
Strahl:	die Brücke zur Freiheit
Biorhythmus:	33 Tage ab Geburt
Duft:	Veilchen, Himbeere, Koriander
Kräuter:	Bilsenkraut, Labkraut
Baum:	Eberesche, Haselnußstrauch

Frucht:	Quitte, Birne, Pilze
Außenbereich:	Straße

Kontemplationsvorschlag:
1. Wie ist es, wenn Ober- und Unterbewußtsein in Disharmonie sind?
2. Wie ist es, wenn ich mit innen und außen eins/uneins bin?
3. Wie machtvoll ist meine Vernunft, und wann hat es Sinn, der Vernunft diese Macht zuzusprechen?

Die Hypophyse ist die Verbindung zwischen Groß- und Kleinhirn; ihre Farbe ist ein golden gelebtes Rot oder Blau. Die jeweilige Schattierung zeigt an, welche Chakren erfaßt sind. Das Chakra der Hirnanhangdrüse ist ein Hilfschakra, das das Scheitelchakra und das Dritte Auge mit den anderen Chakren verbindet. Darum liegt die Farbe dazwischen. Es ist das Instrument, das diese Chakren beeinflußt. Die Farbe ist transparenter und nicht so dicht wie bei den Hauptchakren. Die Hypophyse beeinflußt die endokrinen Drüsen, z.B. Lymphdrüsen; sie lenkt die Wirksamkeit der einzelnen Organe. Durch sie werden Informationen des Unterbewußtseins wirksam. Die Meditationsübung ist gleichzeitig in ihrer Wirkung so, daß die endokrinen Drüsen direkt bewußt gelenkt werden können.
Die Hypophyse bewirkt die Fähigkeit, einen Bogen zu schlagen über die persönlichen Grenzen hinaus, d.h. sie befähigt, mehrere Ebenen zu erkennen und mit einzubeziehen, ein Bewußtsein zu entfalten in der Einheit mit sich und der Umwelt sowie andere Wesen abstrakt zu erleben und zu erkennen. Ist dieses Chakra unterentwickelt, reduziert sich das persönliche Handeln darauf, sich im Mittelpunkt zu sehen; auch der Wille ist nicht voll entfaltet. Ein solcher Mensch geht rücksichtslos mit seiner Umgebung um und fällt schnell Urteile.

Er pflegt Erwartungen und Wünsche und nimmt andere Erfahrungen nicht an. Er hält sich bewußt klein.

Es ist wichtig, daß die Hypophyse übt,

Wut/Liebe
Angst/Freude
Angst/Treue
Trauer/Freude
Freude/Vertrauen
Vertrauen/Liebe

zu erkennen und in das Oberbewußtsein zu bringen.

Die Hypophyse verbindet das Unter- und Oberbewußtsein, Körper, Geist und Seele, innen und außen miteinander. Um die Hypophyse gut üben zu können, beobachten wir während des Tages die Situationen, in denen wir unserer Hypophyse erlauben zu wirken, d.h. wenn wir unseren Willen einsetzen und wenn andere auf uns zukommen. Wir sollten so intensiv beobachten und so aufmerksam sein, daß wir alles, was um uns herum ist, genau wahrnehmen und in Gefühle umsetzen, diese wahrnehmen und sofort ihren Ursprung erkennen.

1. Übung

1. Wir vergegenwärtigen uns Situationen, in welchen wir deutlich im Sinne unseres Unterbewußtseins gehandelt haben, und halten diesen Eindruck fest.

2. Wir setzen bewußt die Hypophyse ein, um Willen, Wunsch und Handlung einander anzugleichen; auch dies wird über den Tag beobachtet und dann in die Meditationsübung miteinbezogen.

3. Wir erkennen das Gefühl der arbeitenden Hypophyse, halten es fest und üben es.

2. Übung

1. Es empfiehlt sich, um näher an die innere Verbindung von Körper, Geist und Seele zu gelangen, die Energie, sobald sie gefühlt wird, bewußt in die einzelnen Chakren zu führen.
2. Wir lassen den Kreis weiter werden.
3. Die Hypophyse sollte alle geöffneten Chakren verbinden.

3. Übung

1. Wir lassen die Hypophysenenergie vertikal im Körper kreisen.
2. Wir lassen die Energie horizontal pulsieren und singen dabei den Laut.
3. Wir verbinden beides miteinander, so daß auch ohne den Laut beim Erkennen der Meditationsmelodie dieses Gefühl eintritt.

Das Dritte Auge

spirituelles Chakra

Betonung auf:	Sehen
Stoff:	Licht
Laut:	Aum
Urth-Planet:	Pluto
Prinzip:	Transformation, Umwandlung, Elimination
Streben:	nach gänzlicher Wiedergeburt, zum Kern von Erfahrungen vorzudringen
Bedürfnis:	sich zu läutern, Notwendigkeit der Ablösung vom Alten durch Schmerz, nach Handeln, Mitwirken, Gotteseinheit
Unterentwickeltes Bewußtsein:	zwanghaftes Ausleben unbewußter Begierden, willkürliche Manipulation von anderen zu selbstsüchtigen Zwecken, rücksichtslose Anwendung aller Mittel, um dem Schmerz der Konfrontation mit sich selbst auszuweichen, Verblendung durch Macht
Entwickeltes Bewußtsein:	Annahme der Notwendigkeit, Geist und Willenskraft auf seine eigene Transformation zu konzentrieren, den Mut haben, sich seinen tiefsten Leidenschaften und Zwängen zu

	stellen und sie durch Anstrengung und Intensität der Erfahrung zu wandeln
Farbe:	rosa oder dunkelblau
Pflanze:	Geranie, Phlox, Ehrenpreis, Augentrost
Ton:	g (hoch)
Bewußtseinsform:	unsterblich, denn es ist direkt die Seele beeinflussend, Seelenlicht, Seligkeit, Hülle der Seele
Kern:	Aura
Kristall:	*Opal, Saphir, Rosenquarz, Bernstein, Aquamarin*
Drüse:	Zirbeldrüse
Fähigkeit:	Wahrheit
Aufgabe:	rechte Erkenntnis
Schwingung:	Evolution, Entwicklung, Erhebung
Hüter des Strahls:	Kut Humi und Dwal Kuhl
Strahl:	Liebe, Weisheit
Biorhythmus:	33 Tage ab Geburt
Duft:	Vanille, Patchouli
Kräuter:	Johanniskraut, Augentrost, Ehrenpreis, Wanzenkraut, Storchenschnabel
Baum:	Pappel
Frucht:	Steinobst, Blattgemüse, Wasserkastanie, Wasserpflanzen
Außenbereich:	Fluß

Kontemplationsvorschlag:
1. Was ist das Dritte Auge?
2. Wie will ich mit dem Dritten Auge umgehen?
3. Wie fühle ich das Dritte Auge?

Das Dritte Auge ist das Chakra der Ausstrahlung nach außen und innen. Es geht vor allem um die gezielte Steuerung von Energie, das Entfalten aller sogenannten außerkörperlichen Fähigkeiten (außersinnliche Fähigkeiten), also alle Fähigkeiten, die nicht mit Händen und Füßen oder den fünf körperlich gesteuerten Wahrnehmungen möglich sind, d.h. zuerst die intuitive Begrifflichkeit der Welt, die Verbindung zwischen Wesenheiten, hauptsächlich gebender Art. Es leuchtet rosa, wenn das Chakra musisch genutzt wird. Das Dritte Auge ist sozusagen das aussendende Organ, während das Raja oder Scheitelchakra das empfangende Organ ist. Die Farbe, die das Dritte Auge begleitet, ist ein dunkles Blau; es kann unter bestimmten Voraussetzungen zu einem leichten samtenen Violett bis hin zu Rosa gehen, nämlich dann, wenn es einen Zusammenschluß zwischen dem Dritten Auge und dem Scheitelchakra gibt. Das Dritte Auge ist die geistige Erkenntnis, Intuition und das Vertrauen in die Intuition sowie die richtige Deutung der geistigseelischen Eindrücke und die Steuerung des Geistkörpers, indem die Zirbeldrüse und das Dritte Auge gemeinschaftlich fließen. Es ist die Konzentration und die Ausstrahlung von feinstofflichen Informationen. Ist es unterentwickelt, führt es zu Überheblichkeit und Intellektualität in dem Sinne, daß der Handelnde es für seine eigene persönliche Handlung und Intelligenz hält. Er erkennt nicht, daß in allen Dingen des Wissens und der Ausstrahlung, wie Erkenntnis, Ideen und ähnliches, die Eindrücke auf das allgemeine Bewußtsein zurückzuführen sind und empfangen werden. Das Ich ist riesengroß und die Einsamkeit ebenfalls. Solche Menschen neigen zu Depressionen.

Das Dritte Auge wirkt zusammen mit der Zirbeldrüse direkt auf alle Drüsen, übernimmt also die Steuerung aller Lebensfunktionen im Organismus. – Mit der Hirnanhangdrüse ist auch die Verbindung von innen nach außen, oben und unten, hier und drüben gegeben. Sie steuert alle Heilungsprozesse. Die Steuerung ist mittelbar, denn durch sie fließen alle Informationen zu den anderen Drüsen und Organen. Ihre Säuren entscheiden über unbewußtes und bewußtes Handeln und kontrollieren die Harmonie des Körpers und der Äußerungen durch den Körper. Sie ist sozusagen der Regent des Leibes und des Bewußtseins. Sie ist dafür verantwortlich, ob Gefühle erlebt werden können oder verdrängt werden und ob sich eine körperliche Wunde schließen kann oder sich entzündet und der Hilfe von außen bedarf.

Will man die Kräfte dieses Chakras nützen, so versammelt man alle Energien im Zentrum des Chakras und baut eine Spannung auf bis an die Grenze des Erträglichen. Nun macht man sich das bewußt, was man übermitteln will, und formt so die gesammelte Energie.

Als nächstes lassen wir das Ziel, dem dieses Bewußtsein zukommen soll, vor unserem geistigen Auge erscheinen. Wenn das Bild ganz klar ist (Imagination), lassen wir plötzlich die Spannung los, und sowohl das Bild als auch die abgegebene Information verschwinden. Wenige Augenblicke später zeigt uns eine energetische Berührung, beginnend zwischen den Augenbrauen und zur Zirbeldrüse fließend, den Erfolg unseres Handelns an. Diesen Vorgang nennt man geistiges Bogenschießen. Es wird immer dann eingesetzt, wenn wir Botschaften übermitteln wollen, eine Heilung provozieren, ein Gebet sprechen oder eine Manifestation vollziehen. Wollen wir mit Hilfe von Imagination ein Licht schaffen oder ähnliches, so benützen wir diese Technik.

1. Übung

1. Um das Dritte Auge zu öffnen, müssen wir unsere intuitiven Wahrnehmungen fördern. Es empfiehlt sich, z.B. ein bebildertes Buch halb zu öffnen und mit der Hand die Farben zu ertasten. Während der Meditationsübung lenken wir den Atem zum Dritten Auge und füllen es mit dunkelblauer Energie.

2. Es ist wichtig, bei Aussendungen an oder von Personen, z.B. einen Partner, wahrzunehmen, und zwar in solcher Form, daß dieser sich auf einen Wunsch fest konzentriert und wir ihn wahrzunehmen versuchen. Während der Meditationsübung singen wir den Laut, bis das Dritte Auge in Vibration gerät.

3. Wir verbinden das Dritte Auge mit den verschiedenen Chakren, bis in der dunkelblauen Energie unseres Dritten Auges das Licht des entsprechenden Chakras entsteht.

2. Übung

1. Wir sammeln die Energie, bis eine starke Spannung entsteht, und führen sie dann in die anderen Chakren zurück.

2. Wir lassen das Dritte Auge pulsieren im Rhythmus der Atmung.

3. Wir verbinden alle Chakren zu einem einzigen Energiefluß, der sich im Dritten Auge sammelt.

3. Übung

1. Wir versuchen, die Energieform von Gegenständen oder anderen Wesen mit unserem inneren Auge zu erkennen.

2. Wir üben, eine Manifestation mit der Spannung im Dritten Auge zu verbinden.

3. Wenn wir erreicht haben, daß die Meditationsmelodie die Spannung in unserem Dritten Auge hervorruft, vollziehen wir das geistige Bogenschießen.

Wenn wir uns vollkommen sicher sind, beginnen wir mit den Übungen für das Scheitelchakra.

Das Scheitelchakra
spirituelles Chakra

Betonung auf:	Empfangen
Stoff:	Äther
Laut:	Om (gesungen a-o-m)
Urth-Planet:	Merkur
Prinzip:	Kommunikation mit allen bewußten Wesenheiten, empfangen der göttlichen Harmonie
Streben:	Gott zu offenbaren, durch Intelligenz und Geschicklichkeit zu dienen und den göttlichen Plan zu verwirklichen, Liebe als Ursache und Inhalt der Existenz
Bedürfnis:	Beziehungen aufbauen im kosmischen Sinne, die Unität zu fühlen und die wortlose Unterweisung zu empfangen
Unterentwickeltes Bewußtsein:	Mißbrauch von Geschicklichkeit und Intelligenz, Amoralität, durch Rationalisieren von allem und jedem parteiliche und einseitige Kommunikation
Entwickeltes Bewußtsein:	kreativer Gebrauch von Geschicklichkeit und Intelligenz, von Vernunft und Unterscheidungsfähigkeit im Dienste höherer Ideale, Fähig-

keit zur Übereinkunft durch objektives Verständnis und klaren verbalen Ausdruck, Kommunikation auf allen Ebenen, Entwicklungen aller Sinne, das Ruhen in der Mitte

Farbe:	zart lila bis dunkelviolett
Pflanze:	Rose
Ton:	gis
Bewußtseinsform:	Seelenkraft, Seele, Liebe
Kern:	Bewußtsein „ich bin", Allheit
Kristall:	Amethyst, Karfunkel, Diamant, Bergkristall
Drüse:	———
Fähigkeit:	Liebe
Aufgabe:	rechtes Lieben
Schwingung:	Initiation, Vorbereitung, Energie, kosmische Bindung
Hüter des Strahls:	Morya (Harmonie)
Strahl:	göttliches kosmisches Geschehen durch den Menschen und die Meister, die sie treffen
Biorhythmus:	33 Tage ab Geburt
Duft:	Lotus, Rose
Kräuter:	———
Baum:	Feige, Walnuß, Kastanie
Frucht:	Orange (nicht vergleichbar mit der heutigen), ähnliche Enzyme bei Ananas, Mango, Banane, Wildapfel
Außenbereich:	Äther, Luft

114

Kontemplationsvorschlag:
Kann hier nur noch bedeuten, Empfänglichkeit bewußtzu-
machen.
Inzwischen wurde die Kontemplation so geübt, daß wir nur
noch den Begriff Gottes kontemplativ angehen können.

Das Scheitelchakra ist die Öffnung des Menschen, die Verbindung zum Unendlichen, zum kosmischen, göttlichen, spirituellen Geist, auch die direkte Verbindung mit der göttlichen Energie. Der Seinszustand ist höchste Aufmerksamkeit
und absolute Empfänglichkeit, die Farbe der Energie in diesem Zustand ist lila-violett. Ein Fundament zur totalen Öffnung des Scheitelchakras ist die Beherrschung des Haras,
ein weiteres der Zusammenschluß aller Chakren; das soll
aber nicht versucht werden, bevor das Hara wirklich ausgebildet ist.
Scheitelchakra bedeutet höchste Vollendung, die Einheit mit
der übergeordneten göttlichen Realität. Wenn es unterentwickelt ist, gibt es keinerlei Verständnis für alles, was außerhalb des persönlichen Ichs ist. Die Öffnung führt zur höch-
sten Harmonie, und wenn die Energien gemeinsam mit allen
anderen Chakren gleichmäßig fließen, entsteht ein intensi-
ves Gottesverständnis.
Das Scheitelchakra wirkt auch auf die Zirbeldrüse. Seine spirituellen Fähigkeiten erhöhen die Eigenschwingung des Körpers. Es läßt uns alles wissen, was wir jetzt noch wissen wollen. Die Erfahrungen, die wir dadurch erlangen, sind höchst
persönlich und universell überall gleich. Wer es übt, erhält
seine eigenen Belehrungen, und so bedarf es keiner Worte
mehr.
Die Übungsvorschläge werden nur noch der Vollständigkeit
halber gemacht, denn wer die Übungen bis hierher gemacht
hat, weiß genau, wie er mit seinem Scheitelchakra umgehen

will, und so wünschen wir uns allen eine Kommunikation im Licht.

1. Übung

1. Wir vergegenwärtigen uns alle bisher gemachten Übungen und verbinden sie zu einem einzigen Pulsieren.
2. Wir leiten vom Urchakra zum Scheitelchakra den 2. Energiefluß empor und schließen einen Kreis über die Kundalini.
3. Wir versammeln das Bewußtsein aller Zustände, die wir durch das Üben der Chakren erfahren haben und führen sie zu einem einzigen Zustand zusammen.

2. Übung

1. Wir lenken diese Energie bewußt zurück in den Körper und verteilen diese Energie in alle Extremitäten.
2. Wir versuchen, die Energiewolke über den Kopf nach außen zu dehnen und damit den Körper zu umhüllen.
3. Wir befinden uns in einem pulsierenden Energiefeld und formen aus einem Energiepolster über dem Kopf einen strahlenden Kosmos, wobei wir empfänglich sind.

3. Übung

1. Der nächste Schritt ergibt sich nach unserer eigenen Konstitution. Wir öffnen uns wie eine Blüte und werden empfänglich.
2. Wir öffnen uns und vereinigen uns mit den feinstofflichen Energien, während wir in uns den göttlichen Laut vibrieren lassen.

3. Licht, Ton, Laut und Energie des Scheitelchakras füllen uns ganz aus, strömen über uns hinaus, und in diesem Energiezustand geraten wir in das All-eins des unendlichen Energiestromes.

Wenn wir uns dieser Übung ganz sicher sind, haben wir das Wurzelchakra des Mentalkörpers geübt und beginnen nun mit den Übungen für das Hara des Mentalkörpers.

Kinder

Selbstverständlich können Kinder auf die 108 Schritte vorbereitet werden. Sie können sich beteiligen, solange sie dabei Vergnügen haben. Sie sollten aber nicht beeinflußt werden. Es genügt für sie Licht und Ton. Niemand sollte danach fragen, welche Erfolge sie dabei haben, und wenn sie keinen Spaß daran haben, sollten sie es lassen. Es werden speziell für Kinder spielerische Meditationsformen angeboten.

Es gibt für Kinder ein Programm, das mit der Geburt beginnt und von den Eltern für die Kinder weitergegeben wird. Das Kind lernt vor allem, indem es die Eltern beobachtet. Es meditiert mit der Mutter mit, und erst nach der Geburt müssen die Programme speziell auf das Kind und seine Möglichkeiten zugeschnitten werden.

Die neue Generation soll es einfacher haben als die Eltern, die wesentlich schwierigere Aufgaben zu bewältigen haben. Aber wer die Aufgaben kennt und Kinder zeugt, hat die Chance, geöffnete Kinder zu fördern, d.h. der Mensch soll aufblühen und nicht verwelken.